不壮游，人生何以辽阔

GRAND ADVENTURES

DREAM BIG, PLAN QUICK, GO EXPLORE

[英] 阿拉斯泰尔 · 汉弗莱斯◎著
小 炎◎译

天地出版社 | TIANDI PRESS

推荐序

每个人都应该有一次壮游

每个人的人生都应该有两次出发：一次是离家遇见世界，一次是通过壮游遇见自己。

英国《国家地理》杂志年度冒险家阿拉斯泰尔·汉弗莱斯，一直畅享在“壮游”的路上，尽管他并不是完整意义上的“领队”，但正在成为更多人“壮游”的“带头大哥”。壮游，是一种路线长且丰富、行程挑战难度高、与人文环境对话深、过程反思多的旅游形式。“壮大的心智，壮美的旅程，壮阔的对话”是对其最好的概括。阿拉斯泰尔·汉弗莱斯的旅游，每一次都不是胸有成竹的，每一次都充满未知的挑战。他那种“看看自己究竟能做成什么事”的挑战信念，一次次换来崭新的自己，这就是壮游的意义。

阿拉斯泰尔·汉弗莱斯是一位不折不扣的主动人生践行者。在他眼里，“一里长的门阶”区别出每个人的不同，也是每个人挑战自我的开场。万想不如一动，伟大的旅程都源自这“一里长”的行动。他尤其强调，不要在事情开始前，就孤注一掷。他倡导最好可以和爱人、孩子一起出发，去说服家人理解自己的行为。书中介绍的那些接地气的旅游形式，将会让众多蠢蠢欲动的出发者受益良多。这本书，就像是你的老友一样，在高举啤酒瓶畅饮一通后，和你推心置腹地谈话，有时还会凑近耳朵说上几句带劲的密语。

我们打开这本书的时候，阿拉斯泰尔·汉弗莱斯或许又启程在新的壮游的路上了。对很多人来说，我们倾尽一生的时间，都在重复别人的故事。而作者却在用与众不同的壮游人生定义着幸福、成功和快乐。

所有的出发，都是为了遇见更好的自己。已经壮游过世界并先后出版了10多本书的阿拉斯泰尔·汉弗莱斯，除了有充沛的体力，还有影响更多人的魅力。打开这本书，开启我们辽阔人生的视野吧！

程　题

壮游发起人

《趁早与这个世界约会》作者

用脚去丈量世界

用心去遇见美好

献给我的父母，
他们教会了我存钱，努力工作，
然后实现理想。

FOR MY PARENTS,
WHO TAUGHT ME TO SAVE UP, WORK HARD
AND MAKE STUFF HAPPEN.

目录

PART 2

选　择

序言

人人都爱冒险。书店的旅游书区都被塞得满满的，冒险电影节在世界各地如雨后春笋般涌现，激动人心的探险博客多得让网络不堪重负。我爱冒险爱到把它变成自己的工作，我是个职业探险家，我名片上就是这么写的，所以这一定是真事（先别管名片是不是我在某个拖着不想写书的清晨搞出来的）。我写书、作讲座、制作电影，讲述自己的冒险旅程，比如骑行环游世界、横越大洋，或是跌跌撞撞地穿越高温的撒哈拉沙漠，爱听这些故事的人多到让我能以此为生。这意味着有更多的人喜欢读探险故事，而不是亲身去参与一场大冒险。这本书的目标就是要让你认识到大冒险也是触手可及的，你可以采取必要的行动一步一步实现它。

“既然能亲自到荒野中冒险，为何还满足于光读不做呢？”

我的很多朋友也是冒险家。他们攀登崇山峻岭，长途跋涉到南北极，进行诸如此类激动人心的探险。这些都是独特的经历。我喜欢跟我热爱冒险的朋友们坐在小酒馆里，听他们讲越来越不靠谱的故事，任打烊的时间步步临近。但有一点很重要：我对这帮男男女女足够了解，知道他们没有什么特别之处。他们是普通人，但他们做到了很多人认为不同寻常甚至是非同凡响的事。成为一个冒险家不需要什么天赋。比如说我，我知道自己肯定不是多么勇敢、强壮，或是多有运动能力的人，但我仍宣称自己是个冒险家。尤塞恩·博尔特天生跑得快，爱因斯坦天资聪颖。但冒险不需要什么天赋，它不过是一个个人选择。

我大学毕业的时候做了个决定，要最大程度利用自己的能力和资源，看看骑行能骑多远。我没有昂贵的自行车，也没有花很多钱。我经常迷路，在树底下打盹，还随身带着一本自行车维修手册，因为我对中轴①和后拨②之类的东西所知甚少。然而，我最终还是成功地骑着自行车环游了整个世界。4年的旅行花了我7000英镑。

不是我选择靠这么点儿钱环游世界，而是我的全部财富就这么多。我选择了出发去实现理想，而不是一味存钱却从不启程。吃四年香蕉三明治只是一个小小的代价，让我可以挤出钱来换取许许多多的回忆。

当人们梦想着去冒险时，旅途上的艰难险阻通常不会让他们退缩。极端的高温或严寒、简陋且令人不适的旅行条件、体力和精神上的挣扎——这些反而常常是冒险的魅力所在。其中的挣扎在我们很多人看来，胜过无趣的日常。

所以如果不是野外的危险，那又是什么挡在了人们的面前？为什么那么多人渴望冒险，热衷于阅读冒险故事，而亲自出门去冒险的人却没有那么多呢？

我觉得用缺乏实用技能、健康的体魄或装备不足来解释这种现象，理由并没有那么充分。我想，阻挡了大多数人的是他们心理上的障碍：这事太难，太可怕，太多不确定……

---

① 中轴（bottom bracket）：装在自行车车架五通内的转动部件，用于连接左右脚踏的曲柄。

② 后拨（rear derailleurs）：山地车变速系统的一部分，装在后轮用于飞轮的变速，以适应不同的路况。

我曾通过博客询问是什么挡在人们和他们的冒险梦想之间。在大约2000条回复中，以下这些因素是最常出现的：

——时间

——金钱

——家人/伴侣/责任义务

——恐惧

——社会压力

——缺少旅伴

——放不下工作

——过后重新找工作

此外，还有以下这些因素被提及：

——女性独自出行/安全顾虑

——懒惰/拖延症

——学校假期体制

——缺乏相关知识

——缺冒险的点子

——未知

——装备/后勤

——孤独

——体魄/健康

让我感到十分神奇的是，居然没有一个人提到对坠入冰隙或者被老虎吃掉的担忧。阻挡人们去冒险的最大障碍统统出现在冒险开始之前。换句话说，迈出第一步才是最难的！

与蛇搏斗也好，在激流中划船也好，用牙齿来绑一个称人结也好，在台风中支起帐篷也好——所有这些事比起离开沙发、行动起来并踏上旅程都要容易得多。

相似的情况有时也发生在冒险中：外面是暴风雪，而你缩在温暖舒适的睡袋里，这时要离开帐篷简直是不可能的事。但当你真的走出帐篷（最终逼你采取行动的通常是尿急而不是坚强的意志），你会发现世界从来

就没有躲在睡袋时想象的那么残酷。你脑子里的狂风暴雪常常只是场风大点的雪。你为此感到有些难为情，打包好帐篷，继续踏上旅途。

更重要的是，为踏上旅途做实际准备，远比鼓起勇气去做点困难、吓人而又冒险的事容易多了。

挪威语里有这么一个习语，可以翻译成“一里长的门阶”。它说的就是万事开头有多难，走出家门踏上旅途有多难。这本书就是要帮你迈过那“一里长的门阶”。

“你是否梦想过参与大型探险项目，却不晓得该如何找到合适的机会？如果是，那本书就是为你而写的！”

本书的第一部分帮你清除让旅途难以开始的障碍，第二部分帮你选择适合的旅行方式。

你是否梦想过参与大型探险项目，却不晓得该如何找到合适的机会？你是否渴望探索，却不知道如何开始？你是否对他人的旅程心生羡慕，却又觉得那不是“你这种人”做的事？如果是，那本书就是为你而写的！

我的目标是帮你着手计划自己梦寐以求的冒险，让你行动起来。仅此而已。走出这一步，剩下的事情简单得多了，就看你自己了。

本书会帮你看清是什么挡在了前方，阻止你踏上改变人生、提升职业生涯、塑造人格、留下美好回忆的人生中最奇妙的冒险旅程。如果你确实真心想要体验一次大冒险，你就能够做到！你能做到！你能！本书着眼于挡住你去路的障碍，并告诉你有方法可以绕过它们——只要你决意行动。你会这样

做吗？

为了这本书，我花了一年的时间采访了很多冒险家，向这些亲身经历过我们梦想之旅的人寻求那来之不易的智慧。这是引人入胜的一年，我唯一的遗憾是没有足够的存储空间，不能收录所有的采访（所有的深度访谈都能在以下网址找到：*www.alastairhumphreys.com/GrandAdventures*）。他们都在冒险事业中浸淫已久：珠穆朗玛峰、南北极、七大洲、五大洋——甚至还有人上了太空！他们每一位都曾迈出过那一大步，踏上自己的第一次冒险之旅。我希望你能从中受到启发，因为他们曾经都像你一样：心中痒痒，想要上路，却又紧张万分，不知该从何处着手实现梦想。

书中有来自这些男男女女的故事与照片。他们有的乘船，有的徒步，有的开车，有的划艇，有的骑着单车或摩托车，有的坐在自制的筏子或是高科技太空船里。有的经历了一次伟大的旅程，自此回归平凡生活。有的惨遭虫蚁噬咬，在追寻冒险的路上献出了生命。他们中有的人还很年轻，也有的年事已高；有男人，也有女人；有的是朋友结伴，有的是伴侣或是一家人同行；有体魄强健者，也有胖子和残障人士。他们都是给人启迪的杰出人物。他们都是像你一样的普通人。

能让你从梦想冒险的人变成真正的冒险家的，只有行动。我会和大家一起向你展示，无论是骑行到撒哈拉、徒步穿越澳大利亚还是在亚马孙河上乘筏漂流，最漫长的旅途全都始于一小步。事实上，千里之行不过是许许多多轻松的一小步。它们确实微小，也确实轻松，但仍需你亲自迈步。你准备好了吗？我们出发吧！

5494 تصدير عُمان
2009 EXP OMAN
2816 TJA
تصدير EXP 58881
DUBAI دبي

PART 1 计　划 PLAN

金钱

MONEY

很多人视金钱为人生一大烦恼。缺钱确实是冒险最大的绊脚石。当人们对我说“我好想来一次大冒险啊，可是……”，通常就是钱的问题让他们却步。

那些做着中彩票的白日梦的人常常会说：“我会去看看世界！我会去冒险！前提是让我中一次彩票吧！”但你不会中彩票。那不是世界运行的方式，也不是概率运行的方式！（特别是你不该浪费钱买彩票，而应该为冒险存钱。）

就因为中不到彩票，所以永远实现不了梦想的冒险之旅，你能接受吗？还是说你会退而求其次，指望退休后能做点什么？（如果到时候你还没死或者年老力衰……）

在那之前，对于金钱和冒险，有两个关键点你要明白：

冒险的花费可以比你想象中的少得多，不靠中彩票来存够路费也并没有那么困难。

如果我可以证明最大的难关也能轻松跨越，希望能让你确信前路上的其他困难也能迎刃而解。

刚察觉这一点时，下面这笔简单的小数目让我不禁停下了脚步——为它的简单易行，也为其中蕴含的意义。

如果你每周存20英镑，一年之内你就能存够1000英镑。1000英镑，光彩夺目，1000个1英镑……

20英镑于我并不是特别大的一笔钱，对很多人来说大概也是一样。我们的生活毕竟还有余裕去做冒险的梦。我会在小酒馆里或是在为几个朋友做的一顿饭上花掉20英镑，20英镑还在我的财务舒适区里。

但1000英镑确实让我感觉是一大笔钱。对世上的大多数人来说自然也是一笔不小的金额。它在少数人看来只是一点零钱，但多数人大概也处在跟我相似的财务水平：1000英镑听起来确实还是不少钱。但如果下定决心每周省出20英镑，这笔钱多多少少还是存得起来的。

我的经验告诉我，1000英镑足以支持一次非凡的冒险。我曾坐飞机到印度，徒步穿越这个国家，然后再坐飞机回家，花的钱比1000英镑少得多。我曾骑行数千英里①，穿越多处卓绝胜景，这样一次大冒险的花费也不过1000英镑。几乎我所有的旅行——包括泛舟育空河②、穿越冰岛和骑行环游世界——都是靠攒起钱来然后路上尽可能地省吃俭用来实现的。

如果你的旅行资金全靠自己，那就吃便宜点，晚上睡帐篷。除了机票和必要的装备，你就没有多少别的开支了。

我最近的一些行程是在格陵兰或大西洋这样的地方。这些冒险因为已经超出了我的经济能力，就需要赞助。但我坚信要先学会走路再学会跑，积累一份扎实的冒险履历有助于你日后争取到赞助，最好的选择是从你能独力支付的精彩计划开始。本书提到的一些旅行相当昂贵，但能从中学到的东西对任何低廉的处子行都有帮助。

定期省出小钱可以积少成多。开始看来吓人的困难，在你把问题分解、逐步解决后便不再显得那么可怕。从小处着手，但一定要有所行动。起步时差一点儿没关系，往后一路改进就好。

我选了1000英镑作为冒险的资金指标，

---

① 英里（mile）：英美制长度单位。1英里约合1609.344米，约合1.609344千米。

② 育空河（Yukon River）：发源于加拿大不列颠哥伦比亚省，流经加拿大育空地区和美国阿拉斯加州中部，流入白令海。

仅仅是因为我喜欢轻松地每周存20英镑，一年以后就能向着夕阳进发。你不用1000英镑也能达成惊奇之旅，尽管很多旅行需要花费更多。

没关系，这本书不是用来帮你规划详细预算的。这只是一点星火。我希望它能点燃你心中的热火，激励你踏上终生难忘的冒险之旅。跨出这一步，你已经成功一半了。

比起想着“1000英镑”这样的纯数字，思考冒险预算还有另一种更好的方式，那就是考虑赚到这笔钱需要多长时间。我们有种荒唐的社会习俗，就是把一到三个月的工资挥霍在一个订婚戒指上（如果有人向我求婚，我宁愿大家把钱花在一次两人共度的大冒险中，而不是花在一块压缩卵石上）。所以，与其花太多精力在想象中的“1000英镑”上，还不如去考虑自己能从收入里拨出多少钱来存作冒险经费。

读这本书的时候，不要想“这事我做不到”，而要去思考既能克服困难，又切合自己实际情况的方法。如果你一周存不出20英镑，那就存10英镑，两年后你仍然能存够钱去冒险。总之，在你能省出钱时，能省多少就存多少。很多时候，说“这事我选择不做”而不是“这事我做不到”能让你诚实地看待自己，了解自己到底有多希望实现某个愿望。你是真的处在一个“我一周省不出20/10/5英镑”的艰难处境吗？还是“我选择一周不省出20/10/5英镑”呢？

如果我给你1000英镑去冒险，你会去哪里冒险？进行什么冒险活动？拿起笔，列个清单，白纸黑字写出来。别想想就算了——如果把愿望用白纸黑字写出来，你实现它们的可能性就会变大。

我不会真的给你1000英镑，我可是个约克郡人①，但我会帮你省出这笔钱。如果你能成功省出这笔钱，从而克服金钱这个公认的最大障碍，那还有什么能阻止你开始令人终生难忘的大冒险呢？

以下是几个你能用1000英镑达成的冒险点子：

“我会往南，搭便车到非洲。”

——斯蒂夫·德维-琼斯，曾搭便车旅行至马来西亚。

“我会带着露营装备出门，一直走。这样没有目的地、日复一日地走下去，感觉会很有趣，花销也不会很大，所以1000英镑也许能用很久。”

——汉娜·恩格尔坎普，曾带着一头驴子徒步1000英里环绕威尔士一周。

“我会跳上滑板去印度转转。”

——杰米·麦克唐纳德，曾奔跑5000英里穿越加拿大。

“我会去中国非法登山——登山许可证可贵了。或者我会去不需要许可就能登山的国家，像吉尔吉斯斯坦和塔吉克斯坦。”

——保罗·拉姆斯登，爬过“很多大山”。

“我会骑行去伊斯坦布尔。如果我能找到一辆不值钱的自行车，旅程结束时就可以把车留在那里，直接花70英镑坐飞机回家。”

——汤姆·艾伦，曾在五大洲骑自行车、划橡皮筏、徒步、搭便车以及骑马旅行。

① 约克郡人（Yorkshireman）：英国的地方偏见里认为约克郡人很抠门，作者以此自嘲。

“我喜欢从芬兰划皮艇穿越群岛到瑞典的主意。”

——凯伦·达克，残奥会运动员，曾参与骑行、海上皮艇及坐式雪橇探险。

“我会航行到波尔斯金字塔岛②西面进行攀登：它只有2270英尺③高，但离澳大利亚东岸有312英里。”

——詹姆斯·卡斯特里西恩，曾在塔斯曼海划皮艇。

“我想漫步在午夜太阳④之下。我会从家里出发，然后向北徒步到北极圈。”

——肖恩·康威，完成“终极铁人三项”纵向穿越英国的第一人。

有些人会觉得把1000英镑花在冒险上是个轻率的举动。我知道冒险不是什么拯救世界的伟业，但我也认为，在临终之时，我会更感激冒险带给我的经历，花钱买大电视或者时髦包包的体验无法与之相比。

你也知道，当老了以后，你会更乐意回忆一段穿越婆罗洲的骑行之旅，或是一次穿越西藏的火车旅行，而不是加班多赚那1000英镑留到死，然后还要为之支付遗产税这样的往事。所以为什么不动身去冒险呢？

生活中还有两种能搞到更多钱的方法：

赚更多钱，或者少花一些。我肯定不是

② 波尔斯金字塔岛（Ball's Pyramid）：位于澳大利亚东部塔斯曼海，是一座火成岩构成的海岛，状如金字塔，岩壁十分陡峭。

③ 英尺（foot）：英美制长度单位。1英尺约合0.3048米。

④ 午夜太阳：在地球南北极极圈以内地区午夜12点仍能看见太阳，这种现象又称为极昼或永昼。

给第一个方法提供建议的合适人选，但我有以下提议能帮你少花点钱。

记住，要为冒险省出1000英镑，你要做的是每天存不超过3英镑的钱，如此一年。

仔细想想你所有花钱的地方，考虑从哪里能省一点，所有省下的小钱终将变成大冒险，为你的人生带来巨变。我主张的不是什么翻天覆地的变化，而是无关痛痒但最终会积累成一笔可观资金的一点日常小变化。如果你觉得自己很难做到，试试把自己一周里花的所有钱一笔一笔列出来——你也许会在意想不到之处为自己的冒险基金省出钱来。

如果你真想节流，就去网上搜索一下，很多博客对此有更丰富和专业的知识，比我强多了。但我希望这部分内容能让你思考。下面列出的所有方法都值得用来换取终生难忘的冒险，特别是它们通常还能让你活得更健康：

日常杂务：每天少喝一杯外带的咖啡，一年内你就差不多能存够1000英镑。不叫外卖自己带饭上班，你就是真真正正在省钱。

通勤：你能时不时在家工作吗？你能每周有一天拼车或者骑车上班吗？

家庭账单：把你家的温控器调低一档，多穿一件毛衣。用温度低一点的水洗衣服。偶尔洗个冷水澡（它对你的精神状态、生存环境和账户余额都有好处）。把你家的电视卖了。

娱乐：少在外用餐，或者到网上搜一搜餐厅的折扣代金券。

酒精：在伦敦的酒吧买一品脱啤酒通常要花5英镑。每周少喝一杯，你就差不多能省下那1000英镑的四分之一了。要是你受到“再来一杯就好”的诱惑，那么想想这一杯酒的价钱足够你在世上一些最狂野、最实惠且最激动人心的地区度过一天，你选哪个呢？不管怎样，伯利兹海滩上的啤酒总是更好喝一些。

吸烟：戒了它。

多吃蔬菜：一个普通的英国家庭平均每年在食物上要花掉5300英镑。我只需谷歌一下就找到了一个网站，上面的食谱能让一个家庭每年只花1168英镑即能吃饱。

只留必需品：只买你真正需要的东西。我们都受“囤积癖”的困扰。站在家里环顾一周，问问自己：“我真的需要这个东西吗？”你上一次用或穿它是什么时候？要是丢掉的话你会想念它吗？在eBay上卖掉10件东西，把钱转入你的大冒险基金里。eBay也是买齐你所需装备的好地方，这样你就能省下不少钱。

我希望我已经证明了省出1000英镑的目标可以一步一步实现。记住，同样的比喻也适用于挡在你前路上的所有障碍。克服惰性，鼓起干劲，走出家门，迈出第一步：只要愿望足够强烈，你就能够做到。

小步伐，大冒险。你要来吗？

友等了很久。他慢吞吞的，让我烦透了。但他到达时，拿着满满一头盔的糖果——就像摘了满满一篮子黑莓一样——是一个经过的司机送他的。这些意外收获的免费卡路里可好吃了！

我记得每天看到里程表到达“100英里”时的满足感。我记得找到一个安静的角落宿营，在橄榄树丛间眺望落日沉入大海那单纯的乐趣。那是些美好的日子。

总花销：100英镑加上机票。

1000英镑对一次冒险来说真的够吗？

有一种先入为主的观点，认为冒险都很昂贵。但事情不一定是那样的，特别是你克服“冒险都要坐飞机去很远的地方”这一先入为主的观念以后。起点和终点都在自己家门口的冒险不仅更便宜，还更让人有满足感。它所创造的故事更容易使你的朋友、家人融入和参与其中，而且它能给你留下美好的回忆，以后你每次离开家门都会想起它来。

所以说，如果你打算用不到1000英镑来一趟大冒险，我建议削减机票的费用。骑着你自己的或者借来的自行车从家门口出发，看看你能骑多远。

不过，你也能找到很不错的优惠机票。比如说，要是你打算把1000英镑里的200英镑用作机票费用，像Kayak（*www.kayak.co.uk/explore*）这样的网站就能列出各种诱人选择，显示用这笔钱你可以飞到什么地方去。写这段话的时候，我到网站上看了一眼。用190英镑我可以从伦敦飞往下诺夫哥罗德[①]。我从未听说过下诺夫哥罗德这个地方，但我的脑子里立马就涌出了各种想法……

以下是一个粗略的预算大纲，用来帮你着手计划，让你意识到旅行并不像你惧怕的那样复杂或是昂贵。

无趣但重要的东西：保险、疫苗接种、急救用品——200英镑。

你手上没有或者没法从朋友那里借到的装备：400英镑足够让你从eBay上买到很多

① 下诺夫哥罗德（Nizhny Novgorod）：俄罗斯城市，位于伏尔加河畔，以历史古迹闻名。

东西了。

路上的费用：轮渡、维修、签证，还有在一个危险却令人兴奋的港口来一次不太明智的痛饮——200英镑。

日常吃饭的预算：每天5英镑。你能轻松地靠这个预算的一半度日，也可以花两倍的预算，就看你喜欢怎么花。但即使是在世界上高消费的地区，5英镑也足以让你买到意面、麦片、面包、香蕉、蔬菜还有一听金枪鱼罐头。别花钱买水，直接拿瓶子从水龙头接，如果有必要就净化以后再喝。

有了剩下的200英镑，每天5英镑的预算足够你在路上度过40天。如果你从家门口出发，每天比较轻松地骑60英里，每周休息一天，加起来就是一趟足足2000英里的可观旅程。你可以从伦敦骑到华沙再折返，或者从旧金山骑到温哥华再折返，或者从哥本哈根骑到马赛再折返。从纽约骑行到新奥尔良再折返就有点远，但绝对是可以实现的……如果你选择徒步、慢跑或是游泳，前进的速度就没有那么快，但装备方面的花销也会相应变少，所以能在路上待更多天。

你可以选择在不同的东西上多花一点钱或者少花一点钱，也许还会发现自己的预算表比我的要复杂一些。但我希望你能开始意识到，冒险的经济因素是在你掌握之中的。

时间
TIME

如果你的条件足够优越，也想要进行一场大冒险，那么把1000英镑搞到手也许并不是最大的难关。毕竟这笔费用比很多度假旅行、厨房升级、结婚礼服或者电视费都要低。但不是谁都能同时有很多时间和很多钱（至少在还年轻，爬朗姆杜德尔峰[1]膝盖还不会疼的时候是这样）。

对很多人来说，生活中最稀缺的资源是时间。在演员布兰登·李的墓碑上刻着这样一段话：

“因为不知道自己什么时候会死，我们总把生命当作永不枯竭的水井。但任何事发生的次数都是有限的，而且次数真的很少。你还会想起童年的某个下午多少次呢，即使那个下午对你的人生影响如此之大，你根本想象不出没有它的人生，也许还会再想起四次，五次，也许更少。你还会看到多少次满月升起呢？也许还有二十次。虽然，一切仿佛永无止境……”

去*www.deathclock.com*这个网站看一眼吧，它是我最喜欢的网站之一！你在里面填上自己的各种参数（年龄、体重、性别、是否抽烟），网站就会计算出你逝世的可能日期。一个无法停止的大时钟开始对你的余生进行倒计时。

我把网站预测的死期记在日记本上。这样病态吗？也许吧，但我们大多数人都需要一个最后期限来敦促自己行动，而这个无法推迟的最后期限能把我吓得够呛。在2050年9月8日前我可有太多事情想要完成！

人们说，所谓生活，就是在你忙着做计划时发生的一切。时光飞逝，人生苦短。如今每个人都忙忙碌碌。我们跟时间赛跑，总是在追逐着时间。吹嘘自己有多忙是这个时代的人们最爱做的事情之一，但就像那流行的推特小段子说的：“人人都有碧昂丝有的一天24小时。”我们要靠自己腾出时间来实现“秀色可餐[2]”之事。年轻一些的时候我只需有个旅行的念头，然后就会出发，将其付诸实践。现在我年纪大了也更忙碌，更多时候是先腾出一段空闲的时间，然后捣鼓出一个可以在这段时间里实现的计划来。

简单的解决办法并不存在。这本书解决不了没时间这个千古难题，要能解决的话，我早发达了。但它也许能让你兴奋起来，决心去自己动手解决这个问题：去跟你身边的人，跟你的家人、上司还有自己聊聊，看看有没有可能暂停一下快节奏的日常生活，找出足够的时间做一点不一样的、真正值得铭记的事。毕竟，每一小时流逝的时光，每一趟累人的通勤，每一个困顿的周一早晨——这些都是你庸碌度过而无法重来或得到补偿的时间，所以你不应虚度。

在冒险途中，我最喜欢的一种感觉就是自己手上有很多时间。我手上的时间当然没有变多，只是我把它们空出来做对自己来说重要的事情而已。我在黎明醒来，日记本上空空如也，而漫长的一天即将展开。我喝着茶眺望日出。接下来一天要做的事情只是前进数英里。然后我会再次坐下，坐在一个我

---

① 朗姆杜德尔峰（Rum Doodle）：出自W·E·鲍曼的短篇小说《登上朗姆杜德尔峰》（*The Ascent of Rum Doodle*），是故事里的世界最高峰。该小说在国外登山界广受欢迎，世界各地都有登山者落脚的酒吧或者山峰以此命名。

② 秀色可餐（Bootylicious）：真命天女（Destiny's Child）组合一首单曲的名字。

从未到过的新地方，眺望夕阳西下，虽然疲惫，但心满意足。这样的日子并不忙碌，但它们丰富而充实。我珍视这样的时光。在家的时候，我感觉每天都短暂而忙碌。但当这样的一天走到尽头，我常常没有做什么值得回忆的事。多浪费啊！

我希望这本书能说服你去想办法找出时间，做一些在你看来真正重要和值得的事来充实每一天，而不是日复一日重复俗世认为你该做的事。

“你越早进入冒险者的思考模式，就越早能把一大段诱人的时间白纸黑字地写进日程，而冒险也终于能开始了。”

第一个任务是仔细想想，现在你是怎么运用你的时间的，还有怎么做你才有可能腾出时间来冒险。这跟麦片粥混着咖啡一起喝、穿着正装睡觉之类的小窍门无关。为了一次大冒险，你要腾出一大段时间——至少是几个星期，有可能是几个月甚至一两年时间。

首先问问自己以下这些问题。我知道这些问题很难，但请试着尽可能积极地回答它们，而不是立马就把它们打入不可能之列。

你能为一次冒险腾出的最长时间是多长？这个时间够不够做你想做的事？然后分别在前后再挤出一个星期。这样时间够吗？你需要的时间到底有多长？

下一年你什么时候有空？你能在日程上划出一段不容妥协的时间吗？这段时间也许在久远的未来，但只要它白纸黑字地写进了日程，你就能把它视作神圣不可侵犯的。

什么在限制你的时间？为什么你走不开？

如果是因为工作，那这个工作需要你时时刻刻都在吗？如果你缺席一段时间，其他同事能应付得来吗？你欠他们多少时间和忠诚？注意别把忠诚用错地方。跟你的上司谈谈怎样能空出点时间。别只是自己闷头胡猜，说什么“没可能的，他们也没啥办法”。去好好谈谈。跟他们说这对你有多重要，好好解释这对你和你的工作表现有什么好处。

想象一下你突然要卧床几个月。世界没了你还转吗？它是怎么继续运转的？所以说，你能不能开溜，去冒险几个月而不至于令世界停转呢？

工作的话，能有一段间隔期吗？也许你可以在路上工作。如果你选择辞职，冒险回来以后你能再回去工作吗？你能不能辞职去冒险，回来再找一份新工作？或者是现在去谋个新工作，但约定好几个月以后再去上班？

如果你的财务状况不允许你放弃工作，那有没有办法先减少自己的负担呢？你能不能还清信用卡的债务、住小一点的房子或者把房间租出去，甚至是借一笔钱？理查德·帕克斯的父母抵押了房子，帮助他完成攀登七大高峰和征服南北极的冒险梦想。这样的手段大概很极端，但认真思考这段冒险经历对你的重大意义也是十分重要的。你总能赚更多的钱，但从来不会有更多时间。

在冒险旅途中，你常常要做出大胆果断的决定。而这些决定对你会有极大的影响。你得自信勇敢，你得保持头脑清醒，才能支持自己。荒野是需要人做出积极决策，奋勇向前，亲自动手实现一切的地方。你越早进入冒险者的思考模式，就越早能把一大段诱人的时间白纸黑字地写进日程，而冒险也终于能开始了。

来自其他冒险者的智慧箴言

肖恩、英格丽德&凯特·汤姆林森

骑行纵向穿越美洲大陆。

凯特那时8岁，正是最合适的年纪——她已经能够记事，并能从这段经历中得到教益，又没到比较叛逆的青春期。

汉娜·恩格尔坎普

带着一头驴子徒步环绕威尔士一周。

我经常碰到有人说："噢，我很高兴你在自己还年轻、还有能力的时候去冒险。"他们都是50来岁的人。有时我忍不住想："拜托，你们只是在给自己找借口。"

罗西·斯威尔-波普

在花甲之年跑步环游世界。

你还要活很长时间才会死，那还不如趁命还在的时候去冒险！

杰米·鲍尔比-惠庭

曾乘筏在多瑙河中漂流。

等老了以后，我们留恋的可不是那些在办公室里的日子啊。

莎拉·奥滕

全靠人力环游北半球。

就像对待你其他项目一样对待它。厘清项目的目标，将它分解成一个个小任务，加上一个时间期限，忽然间这事就可以实现了。然后你一边进行一边检视自己的进度，在这个过程中学习。我想只要你灵活地计划，愿意改变和适应，冒险这种事就没什么难的。

科林·威洛克斯

当一名背包客游遍欧洲。

人们经常会被实现冒险的困难吓得手足无措（"我车要停哪儿啊？"）。这种事是没有最合适的出发时间的。所以在一个合理的时间内把问题都解决一下，然后就出门吧。路上会状况百出，你会搞砸事情，万事都没有保证。记住这就是你想要的，这就是你出发的理由。如果你不想，你就得待在家里了。

保罗·拉姆斯登

两度获得金冰镐奖。

（要空出时间）是很难。我很忙。要找时间锻炼身体也不容易。最重要的事情是我提前一年把出发时间写到日程上。那是个没有商量余地的时间——这样收到工作或者派对邀请时我就能说："不好意思，我那时在印度。"这样有点残忍，但这事没得妥协。定下这些日子非常非常重要，否则你压根就不会去费这劲了。

罗尔夫·波茨

没带任何行李和背包骑行环游世界。

我会说，拖延出行是跟我们内心对旅途的恐惧密切相关的。我们总觉得会有一个更合适的时间，到时候我们会有更多钱或者少一点的责任，或者说在感觉上世界会更安全和开放一点。实际上旅行的花费没有大多数人想象的那么高，责任也是我们完全能承担得起的，世界也比我们光看新闻头条时所想象的要安全。

科尔斯蒂·佩灵

家庭冒险计划的创始人。

我们决定从事自由职业，好有多点时间陪伴孩子。我们建了一个网站来记录冒险旅程。如果你能把自己的野心大声说出来，你会有更大机会成就它。

梅娜·普利查德

登山家。

时间这种东西就不是理由——它是借口。不是吗？我是真的相信，如果你足够渴望什么东西，就会找到时间，攒起足够的钱，并且克服你的恐惧……但一切都事关优先度。而且我理解这种情况，因为我自己也身陷其中。自从成为一名母亲，我就一直在用时间当借口，让自己可以不去进行内心所渴望的冒险。总会有这么一个时候，我们要对自己说："别再找借口了。"如果一件事对我们有那么重要，它就值得我们努力去实现，它值得我们为之奋战——而且，该死的，也值得为之艰难挣扎。我不希望人生尽是我从未奋战过的战役，我从未跨越的障碍，以及我找的所有借口。

海伦·洛伊德

曾骑自行车、骑马、徒步进行长途旅行。

我的工作是工程师，虽然刚开始我把它当作自己的人生事业，但现在它已经成了我实现目标的手段。我就是通过它赚到钱做自己想做的事。我现在接短期的合同，节俭度日，存起钱，然后计划另一趟旅行。对我来说，当工程师和冒险的组合满足了我所有的需求，这是我无法从其中之一获得的。

格兰特·劳灵森

进行过起点和终点都在有趣顶峰上的纯人力探险。

我有一份区域销售经理的全职工作，总部在新加坡。我能在亚洲各处出差，花很多时间跟客户吃美味的饭菜，住很好的酒店。这一切对我来说，都比不上在冰冷雪洞里喝一杯微温的速食汤。我是有什么毛病啊？！

斯科特·帕拉辛斯基

宇航员和登山家。

缺少时间大概在很多种情况下都可以被看作是借口。这辈子有那么几回，我有机会请个长假，干点大事情。我的两次珠峰之旅都需要我在时间安排上发挥创意，做些临时安排，把假期攒到一块。也有各种各样的冒险可以在比较短的时间里完成。

安东尼·古达尔德

自驾游遍美国。

我有个年纪还小的孩子和怀孕的太太，所以让我来驳斥常见的那种"现在不是探险的好时机，我太忙了，生活太复杂了"的借口就最合适了。这种借口非常有趣，因为它很像"要不要小孩/什么时候要小孩"的两难局面。你永远都不会有完美的时机。你会在等待完美时机中错过时机。大多数你觉得离不开的事在你回家的时候它们还会在那，而旅行会给你很多时间思考那些复杂局面，让你正确看待它们。能真正阻碍你出门冒险的事很少，不管那冒险有多大或者多小。你可能会觉得有很多个"如果"妨碍你做冒险的事，但我心目中最可怕的一个"如果"始终是"如果我从没去冒险会怎样？如果我一辈子留在这里会怎样？"

安迪·马德雷

从伦敦骑行到悉尼。

我意识到，我们都只有这一次生命来做完所有要做的事。这超过了对未知的恐惧，也给了我动力挣脱出生活的常轨。

责任与人际关系
COMMITMENTS AND RELATIONSHIPS

这是事实：探险让我付出了时间、金钱还有人际关系的巨大代价；它搅乱了明智的人生规划，让养老前景蒙上阴影。它并没有让我的生活变得更轻松。它是种自私的行为。但我从不为之后悔。实际上，我后悔的是几次没有完成的冒险。冒险提高了我的生活质量——这一点是很重要的——它最终也对我前面提到的事有所帮助，尽管一开始我要经受痛苦磨难，心中充满烦忧，要做出各种妥协，解决种种困难和麻烦。换句话说，从长远的角度来讲，我的旅行是值得的。

当年骑行环游世界时，我没有工作，也没有按揭贷款，无需每月支付账单。只要不把存款花光，我想干什么就干什么，在哪里干都可以，想怎么干都行。那时的生活很简单。每每回顾年轻时的自己，我都觉得嫉妒万分！

如果你还年轻，还是个自由的单身人士，那现在就是奔向山川丘陵做点惊天大事的最佳时机。人生再也不会像现在这样简单了，因为你还没跟那些随年岁渐长而来的责任搅和在一起。省出点钱，能存多少就存多少，然后去做点疯狂的事。它能增加你的履历，给你带来的教益远胜于大多数学费昂贵的大专院校。如果你未来的雇主不因为这些经验而更愿意给你一份工作，那他们反正也不会是你想为之工作的那类人。跳过这章内容马上出发吧！你没有借口。

金钱和时间的限制让生活变得复杂，但通过计划你能从部分泥潭里解脱。让我们更受束缚的是人际关系：丈夫、妻子、男朋友、女朋友，还有家人。如果你的另一半也渴望冒险，那事情就更好办，也更让人兴奋。你只要从今天开始存钱做计划就好了。如果你们一人存1000英镑，也乐意共用一个帐篷，那资金翻倍的同时开支也变少了。

要是你们处于一段稳定关系中，双方都乐意旅行，但你们有孩子，那冒险计划会变得复杂一些。但如果你家娃还小，发表不出什么意见，或者说大到能提出异议了，但你还能用“因为我说了算”蒙混过去，那冒险还是挺好实现的。

英格丽德和肖恩曾与他们8岁的女儿凯特一起骑行纵向穿越美洲大陆。在开始这次冒险前，他们已经是小有成就的皮艇手和徒步登山者。乍看之下，这些经验可能对跨越大洲的骑行冒险没有多大助益。但其实，它们在一个重要方面帮助很大：英格丽德和肖恩清楚地知道野外和旅途生活的模样，而他们渴望更多这样的生活。他们热衷于此，既有动力，又有信心。他们不是从零开始。产生动力来克服日常生活的惯性是很困难的。“我们要改变自己的人生。我们要勇敢地出发去做点大事。我们就从今天开始，为完成事情1、2、3做好准备”——光是说出这样的话就足以让人畏惧不前。打开电视看看贝尔·格里斯①的电视节目要简单多了。

英格丽德和肖恩要面对一系列挑战：他们要安排凯特休学，要安抚用心良苦的亲戚、朋友对带一个小女孩去冒险的担忧，还要管理好整个冒险计划，好让一个8岁小女孩也适合参与其中，踏上一段大多数成年人都会格外羡慕的旅程！

带你的家人走上这样一条脱离常规的道路会有种种挑战和困难，但对凯特来说这是多好的一堂课，多大的一个成就啊！能一家人分享这样一段光辉旅程，余生都可以反复

---

① 贝尔·格里斯（Bear Grylls）：野外求生专家。著名野外生存节目《荒野求生》（*Discovery Channel*）的主持人。

回味，再多的麻烦都是值得的。

可能最糟糕的情况是你极度渴望周游天下，你的另一半却没有这个意愿，劝也劝不动。运气好的话，你会收获对方的祝福，可以出门去做自己爱做的事，事后在喜悦、彩虹与毛茸茸的猫咪的包围下重聚。

但也有可能你的伴侣——虽然他是很好的人，但却不想和你同行，也不想让你上路。

这样事情就变得棘手了。我不确定自己那点三脚猫的知心姐姐技巧能有多少帮助，但我会尽力的！

你要仔细斟酌一些问题，让事情的发展尽可能顺利。诚然，这是厚道、得体的做法。但它也是你将来能获得放行、有机会再次踏上冒险旅途的最佳选择。

困扰他们的是你不在的时间，还是金钱、风险？是和你一起上路的人，还是要留在家里独自面对各种问题的不便？

如果问题是你不在的时间，你们能商讨出大家都能接受的方案吗？最大限度利用好你能有的时间，制订一个短小精悍的计划。这会排除掉骑行环游世界，但不会清空所有选择。

在用了四年时间骑行环游世界以后，我才认识到持续时间的长短并不是丈量冒险好坏的标尺。一趟伟大的旅程还包含有很多其他元素，而时间并不是其中的关键。我曾花45天横渡大西洋，也曾用一个星期徒步绕M25公路一周。两者都是难忘的经历。我个人觉得6周就是一个不错的时间底线，足够你做一点真正重大又有益的事。杰森·刘易斯的建议是6个月——但他可是花了13年来冒险啊！现在，登山者几周之内就能登上一些特别的攀登点再回来。说到底，时间短点儿的冒险总比什么冒险都没有要好。

如果问题不在于少了可爱的你的陪伴，而更多在于少了你分担家务杂事，你能想出什么办法在冒险前后还掉这个人情吗？请记住，你会因为这个原因下半辈子都背上人情债，甚至在你觉得人情还了以后很久都还会如此！这是你必须付出的代价。

如果绊脚石是金钱，大家就好好商量你需要花多少钱才是合理的，然后把那作为你旅程开销的上限。你仍可以做点大事：反正靠一个疯狂的预算做事还更有趣。看看冒险让贝尔·格里斯变得多么有钱，不过除了他也没几个冒险者有钱这件事可别提啊！

如果带来摩擦的是冒险的风险，那就专注一个风险较低（至少一般人觉得风险较

低）的点子。一般人认为的风险是个有趣的概念。人们常常跟我说划一艘小船横渡大西洋是非常危险的事，但只要你不掉下船，这根本不怎么危险，因为大部分的风险已经在你掌握之中了。保证舱盖关好，把你自己牢牢绑在船上，你多半会没问题的。

你可能明白自己计划的冒险挺安全的，但爱你的人未必知道。在这方面做一点体贴的妥协并不会让冒险失色。当然，每一次冒险都会有一点风险，就像你每天开车上班也会有风险，而长年坐在电视机前心脏停跳的风险也大得很。最宏大的冒险必有危险，最多产的冒险家都是自私的。这需要你自己决定你和你的旅行要做到哪种程度。

你对冒险伙伴的选择也可能是你们产生摩擦的原因。这通常是因为以下两个原因中的一个：

1. 你的至爱觉得你的同伴是个一等一的疯子，会把你带进各种各样的困境里。

2. 你的伴侣嫉妒你的同伴，要么是因为你花了太多太多时间和人家聊即将来临的冒险和该买哪个多燃料火炉，要么就是因为你的冒险同伴美得让人担心。

尽你所能指出冒险中的人都很臭，内裤一穿几星期，晚上常常累得什么都不想干，除了挤进温暖舒适的帐篷睡一觉——在眺望过美丽的夕阳落入群山之后，在那世界尽头，方圆一千英里内只有你们两人……要注意，你说的每一句话都会被认为抗议过头。当然，你总是可以向伴侣建议说他们可以跟你一起上路来彻底解决这个问题！

最后，如果这招也失败了，你们就得分手了。你再也不用在情人节熬过在比萨店里的二人世界时间，你能开始自己梦想过的所有冒险。

但当你身处荒郊野外，冻得瑟瑟发抖，浑身上下没有一处舒服，觉得自己又饿又臭又怕，心中孤独无比，发现自己在质疑当初那个戏剧性的决定时，你可别把这事怪到我头上……

来自其他冒险者的智慧箴言

斯科特·帕拉辛斯基

宇航员和登山家。

冒险能给个人带来巨大的益处，但这些益处你的家人并不总能享受到，而且你要出门去做这些事，他们当然会非常担心你。所以我想，冒险确实是有一定程度的自私在里面的。但如果它们有正确的理由，能带来一些社会效益，一些教育意义……我就会一直尝试用自己做过的事做一些教育推广。探索和冒险是可以给更多人带来好处的。同样的，在冒险中寻求个人满足也没什么错。当我们去探险，我们回来时会成为更好的人，成为精神更为振作的人，我想。我自己成了更好的家长，更珍惜我们生活的星球。我成了地球一名更优秀的服务员。

萨图·万斯卡-威斯特加斯

从激流皮艇手变成长途自行车手。

（当我怀孕的时候）那种渴望，那种对真正冒险的渴望，还有要反复念叨“我有小孩前也有属于自己的生活”的需求一直在我心里燃烧。“你真的要离开孩子那么长时间吗？”这是个不可避免的问题，但当它第一次拦在我面前时，我真的没什么准备。没几个人关心我最大的担忧——骑行。他们关心的是我没了孩子要怎么活，或者孩子没了我要怎么活。

你看，我们都活了下来。脱离了有年幼小孩的家长那种缺乏睡眠的生活，我感觉比过去很长一段时间都更有活力。我享受做我自己，而不是谁的妈妈。我只是我自己。而冒险路上的大多数早晨，我和家人一起吃早餐，通过Skype视频实打实地一起吃早餐。“妈妈今天去骑车吗？”我家小姑娘会问。“是的，妈妈去骑车了。”而且显然，我的小姑娘以后也想去骑车。要做个好家长或者好妈妈并不意味着我要全年每天24小时都在家人身边。

孩子需要安全感，需要爱，也需要一个榜样，告诉他们生活可以怎么过。我能给出的最好示范就是做真正的自己，做那个梦想着冒险的我，那个追逐着梦想的我，那个会兴致勃勃地回家，带着各种各样的故事，然后带着全家去冒险的我。

詹姆斯·卡斯特里西恩

划皮艇横渡塔斯曼海①，徒步行进到南极点又徒步返回。

那时我看看比我年长5岁的经理，再看看比我年长10到15岁的工作伙伴，我看着他们所过的生活，开始思索什么对我来说才是真正重要的事。我实在没法想象自己过这种生活的样子。遵循社会的期望生活，总让我觉得有点崩溃，所以划艇横渡塔斯曼海是一个自我认同的途径，让我了解自己是谁，能做到什么——正好我也能去看看世界。

即使是在那时候，这也是我人生中最艰难的一个决定。现在，我刚建立一个小家庭，我不知道自己有没有那样的意志。

我来自一个希腊裔家庭，我的妈妈和爸

---

① 塔斯曼海（Tasman）：澳大利亚东南与新西兰西部之间的海域。

爸在我的教育上投入了很多，什么都给我计划好了，真的。好好读书，上大学，找个好工作……我选择背叛这条路几乎就像打了他们的脸。我辜负了他们的期望，没人能理解我为什么要做这样的决定。这就是让决定变得如此艰难的原因。

肖恩、英格丽德&凯特·汤姆林森

一家人从加拿大北极区骑行到巴塔哥尼亚。

肖恩、我们的女儿凯特和我骑着一辆普通自行车以及一辆双座自行车，后面分别拖着两个拖车屋，一起从加拿大北极区骑行到智利的南端。我们一直被进行一次遥远旅行的想法所启发。

我们想把“每天晚上到达一个全新的未知之处”变成日常生活方式的一部分。我们担心，要是再等几年，凯特可能就不会想休学，也不想错过社交生活。事实证明我们当时的担忧再正确不过了。现在她每两周要能有一天陪我们就不错了，我很高兴我们充分利用了她青春期前的时光！

> “一些最艰难的时刻往往是最美妙的。我们最艰辛的时刻也是我们回顾时涌起最美妙回忆的时刻。”

凯特对他们的冒险也提出了自己的想法：“我父母当年带我去冒险，是因为他们是疯子。我从记事起他们就在这么干了，但那一趟是持续时间最长的。

如果我不想去，我们也不会完成这次旅行。我对计划一直是有发言权的。我喜欢回顾旅程，也常常会想起它。这只是一个持续两年的生活方式。一些最艰难的时刻往往是最美妙的。我们最艰辛的时刻也是我们回顾时涌起最美妙回忆的时刻。我想那趟冒险对我现在的学习有积极的影响。我的妈妈每天陪我做一小时功课，那段时间她是完全属于我的。我的爸爸会在骑车时和我对照时刻表，然后考我一些问题，比如按我们的速度到达某地要花多少时间。对于像地理和历史这样的课程，你看，我们根本不需要书本，因为事物就在眼前。我对其他家长的建议是，如果你想和孩子一起旅行，就要趁他们还比较小的时候。现在我13岁了，想到要出门离开朋友们两年可比当年要难受得多。我觉得‘孩子太柔弱，不宜大冒险’的想法是胡说八道，我可以告诉你，那时我比我的爸爸妈妈都坚强多了！”

克里斯·赫尔维格

旅行家和摄影师。

随着第二个小宝宝的降临，我们也迎来了告假的机会。这是照顾我们家新的小生命、给他喂奶、换尿片、哄他睡觉的时候。但没有谁规定说这个时候不能来一点冒险。于是我们转租了纽约的公寓，一家四口踏上为期6个月的流浪者之旅。这是一趟环球11国的旅行。

在6个月里，我们的11件行李逐渐减成一个大背囊和一个小行李箱。我们漫步越南、柬埔寨、老挝和新西兰，探索它们的奇景，乘坐过火车、小船、汽车、图图小摩托，也曾徒步、骑过自行车，也曾坐在象背上和马背上。我们努力克服与两个年幼孩子同行的挑战，其中一些挑战很吓人，而另一些令人困扰，但大多数都充满乐趣。我们从中获益良多——该打包哪些行李，下一步该去什么地方、怎么去，如何逗一个3岁小童开心，如何在确保我们所有人（特别是小婴儿）安全的同时获得一点乐趣——这证明了生活不必在孩子降生之后就彻底改头换面。

科尔斯蒂·佩灵

一家人环球骑行6000英里。

有孩子同行让冒险更有乐趣——事实上，从我们的经验看，他们才是了解世界的关键。他们也常常比你更有本事，我们最近刚在比利牛斯山明白了这一点，他们上山时把我们抛了好远。

马克·考尔克

在各大陆最长的河流里泛舟。

像尼罗河上游或者长江，我以后必定是要去的，这两条河难得离谱，相当危险。我当然会在掂量这如何影响我的孩子和家人后才做出决定。但大多数时候，我都是在好天气里划船，想吃多少巧克力就吃多少，在路上碰见一些很酷的人，说到底，就是在度过一个泛舟假期而已。

宝拉·康斯坦特

曾用三年从英国徒步走到撒哈拉沙漠。

离开伦敦时我已经结婚了。我的丈夫和我一起出门，第一年我们是一起走的。在穿越撒哈拉沙漠的旅行过去一个月后，我们的婚姻就结束了。加里离开了，而我继续独自前行。我对要不要跟爱侣一起旅行没有一个既定的看法，我觉得这完全取决于那一对情侣以及冒险本身还有其他很多因素，我想这两种选择都各有其长处。在第一年，能有一个同行的伙伴对我来说意义重大。至今我都不太肯定，当初只有一个人的话，自己还有没有勇气启程。话虽如此，到上路一年以后，我已经烦得不行了。而且我要说，旅行确实也会加速任何情侣之间矛盾的产生。

瑞恩·曼瑟

曾与妻子一起从非洲划船划到纽约。

现在回头看那一次冒险，我只是觉得（孤身去冒险）对我来说步子迈得太大了。对于带上朋友冒险这个话题，我觉得我把这个想法浪漫化了。我喜欢与朋友同行的想法，但得是很好的朋友才行，因为我知道自己将要经历什么。事实上，我很高兴能带上我太太瓦斯蒂，因为我们一起做了一点特别的事情。如果再让我选一次，我还是会毫不迟疑地带上我太太。

安东尼·古达尔德

曾和他的家庭一起自驾游遍美国。

我在旅途中可以远距离工作，所以有些日子我得坐在公园或者咖啡店里上班，而我太太和儿子就能畅玩当地的景点。我的工作弹性很大，这肯定也对筹集旅行资金大有帮助。

格兰特·劳灵森

全靠人力进行起点和终点都在有趣顶峰上的冒险。

我比平日更把太太当公主一样对待，直到她终于允许我上路！

马特·普莱厄

开着一辆150英镑买来的车自驾到蒙古。

家庭方面，我爸那时有好一阵子都不跟我说话了。他觉得我是个傻瓜，明明有个好事业（战斗机飞行员）摆在面前却去搞这种危险的事。我把这归因于代沟：现在他已经习惯了，而且我总能完好无损地回来，所以这事也没那么糟糕吧！

只身旅行还是结伴上路?

我大多数旅行都是独自上路的，但我也有很多和朋友结伴出行的美好经历。如果让我选，我会为自尊和锤炼个性选择独自冒险，而为乐趣选择结伴旅行。不过总的来说，我会鼓励人们勇敢地只身上路。但哪种才是更好的选择呢？下面就是一些思路，供你权衡只身或结伴上路的优缺点。

结伴上路的好处：

· 更安全。

· 更省钱（同住一间房、分担出租车费用，等等）。

· 压力会小一些。你们可以一起跟小贩讨价还价，一起回答那些被好奇的当地人问了一百万遍的老问题。你们也能在一个人飞奔进商店买点什么时有另一个人给看包。

· 你们能创造一些共同回忆，到老了以后还能一起分享。

· 笑的时候有人陪你一起笑。

· 在踏入陌生的未知之地时会没那么害怕和畏缩。

· 不用背那么多装备。你们可以共用一顶帐篷、旅游指南和药品。

· 在24小时不间断的客车行程中，旅伴能让你更方便地无视那些坚持要坐到你隔壁给你讲他们人生故事的怪人。

· 没那么无聊，也没那么孤单。

只身旅行的好处：

· 更有挑战性。

· 你会遇见更多人。

· 少一点争吵。

· 爱干吗干吗。

· 旅程更令人兴奋。

· 你会更能融入旅行的体验中。

· 你会意识到自己比想象中更有能力。

· 对自信有好处。

· 不用老为买什么口味的果酱这种小事讨论个没完。

· 没有什么“支架式”教学体系①——你要么独自成功，要么独自失败。

· 享受独处之乐。

· 陌生人对你更友好。

· 有一种真正的自由感。到一个没人认识你的地方能让人感觉分外自在。

· 更大的成就感。

· 获得更多平静和安宁，有更多的时间思考、阅读、写作和摄影。

· 想扯些有关你冒险的弥天大谎来给别人留下深刻印象会更容易……

① “支架式”教学体系（Scaffolding）：一种以培养学生独立学习和解决问题能力为目标的教学方法。教学者通过逐步为学生提供适当的线索或提示（即“支架”），引导学生逐渐掌握知识，提高问题解决能力，成长为独立学习者。

来自其他冒险者的智慧箴言

肖恩·康威

曾游泳纵穿英国，也曾骑行环游世界。

我想只身旅行的好处包括……

拥有随时改变计划的自由，可以过自己真正想过的冒险生活。如果要我选，我更喜欢一个人旅行，因为我很喜欢长时间行进，这不是人人都受得了的。

谢琳·泰勒

骑行环游世界。

我想只身旅行的好处包括……

能更了解自己，还能获得一种独立自主的感觉。一个人的时候，你会意识到自己能应付任何一种状况。而且你的注意力也会完全集中在自己身上，你能真正搞清楚自己是怎样的人，想要什么样的东西。

而和别人一起上路的好处包括……

要向一个局外人解释清楚睡在贫民窟是什么感觉，以及连续骑行两天是什么感觉是不可能的，所以身边有个能理解你的人是好事。

晚上你也能依偎着对方入眠!

如果我必须二选一……这可难选了。我很喜欢只身旅行，也肯定会在一生中进行很多单人冒险，但现在我已经找到“那个他”了，无论如何我是不会放手的。我想，重要的是，每个人都应该只身旅行至少一次，因为这是一种大开眼界、不可思议的体验。

安娜·休斯

曾骑行4000英里环绕大不列颠海岸线一周，也曾扬帆航行过同样的路线。

我想只身旅行的好处包括……

你一个人旅行时，人们通常更乐意给你帮助。

而结伴旅行的好处包括……

分享会让路上的风光更真实，也不知是为什么。但如果要我选，我会选自己上路，因为我是特别独立的人，想要按自己的方式做事！全靠自己达成一件事带来的满足感是

非常美妙的。

海伦·洛伊德

在自行车上、马背上、河上，以及徒步进行过各种冒险。

结伴旅行的好处包括……

有些地方只身去会更难或更危险，结伴去就安全多了。

如果我来选，我会为自由选只身冒险，但只要我想，找个人一起做事还是挺容易的。这就两全其美了。

杰米·麦克唐纳德

曾跑过5000英里穿越加拿大。

我想只身旅行的好处包括……

更能享受冒险和你身边的一切。你只需专注于一个人，就是你自己。从自私的角度说，这也挺好的。

伊恩·帕克汉姆

借助公共交通工具环绕非洲旅行。

我想只身旅行的好处包括……

能对当地人以及当地生活有更好、更深入的了解，也能更好地和他们互动。

而结伴旅行的好处包括……

从同伴身上收获新的想法，学到新的技能，还能分担费用！

如果要我选，我会自己去，就为了能不做任何事前计划就出门的那份轻松。

戴夫·科恩斯怀特

踩着滑板穿越澳洲。

我想只身旅行的好处包括……

能更快做出决策，少一点会为之烦恼或者会惹起争执的事情。

而结伴旅行的好处包括……

其他人总会有一些事情（或者大多数事情）做得比我强，这在一些方面能带来巨大的不同。

在合适的团队里，两个人能做三人份的事（但有些时候，六个人的效率还不如一个人）。

如果我得选……我会一个人去。总的来说，我更享受只身上路的那些旅行，而我大部分不愉快的旅途回忆都是因为其他人而起的。我曾经进行过两次带着支援团队的旅行。第一次我踩着滑板旅行，后面跟着三辆面包车。我现在34岁了仍没有取得驾照，却在26岁的时候就买了自己的头三辆车！我觉得自己再也不会带着个大团队进行一次数千英里的冒险了。那样会出很多问题。所以从今往后，我只会组织小团队，或者干脆只身上路。

莎拉·奥滕

只身划船横渡印度洋。

我想孤身旅行的好处包括……

你负责掌管一切，可以按照你的方法和步调旅行。

船舱里你只需忍受自己一个人的臭屁。

孤寂与安宁的美是无可比拟的。

而结伴旅行的好处包括……

你不需要做所有的决定，虽然妥协是必需的。

有其他人在保护你的安全。而在有需要时，你可以专心去照顾某个人，这对我来说是有正面意义的事。

如果要我选……只身旅行就意味着旅行全照你的风格、步调进行，而你也能对将会发生的一切神奇之事完全敞开心胸。结伴出行也可以很神奇。对我来说，这取决于旅程和最终的目标，以及需要什么来实现它。

本·桑德斯

曾只身到北极两次，也曾进行双人往返南极的旅行。

只身冒险——特别是那种规模大、路途长的冒险——最难的一点，是你明白无论是现在还是将来，都不会有人了解个中滋味了。一方面，这是非常珍贵和特别的体验，但另一方面，你很难跟别人解释这种体验。

汤姆·艾伦

长途自行车手和制片人。

我想只身旅行的好处包括……

让你的思绪从日常生活的疯狂中彻底解放。

而结伴旅行的好处包括……

有其他人在你身边拍下你英雄般的身姿。

如果要我选，我会选独自出行，因为只属于你的体验会是更好的老师。

当我们——我说“我们”是因为一开始是我最好的朋友和我一起去的——一起启程，结伴给了我们出发的勇气。这绝对就是和朋友一起计划旅行最重要的一点：我们给彼此精神支持，相互敦促对方出发。一个人的话，我说不准自己去不去得成。我更乐意想自己还是会出发去旅行的，因为当时我的生活状态就是要么去旅行，要么下半辈子都在可悲又没有成就感的工作里煎熬。

但后来我也确实只身上路，感觉真是截然不同。在所有你能改变的旅行体验中，只身上路和结伴上路之间的差别是最大的。

我想，如果你太紧张了，不敢一个人上路，那就找个朋友一起去吧！只是你要很小心，确保朋友对整个旅程的期望是跟你一样的，因为当大家有不同的期望时，事情就会变得艰难了。

杰森·刘易斯

第一个全靠人力环球航行的人。

独自旅行是很美妙的，因为你想做什么就能做什么。你可以徒步或骑行5英里，然后停下来，一天剩下的时间都用来休息。我曾很长一段时间都在只身旅行，得出的结论是我不太适合自己一个人，实际上我会失去平衡。

我确实更喜欢至少跟一个人同行。我觉得三个人是理想的数字，因为你们可以分享这次经历。一个人的时候，我想旅途可能会变得挺可怕的，但同时也有点过于放纵。只身上路一个月以后，可能你就没法真正去珍惜你所见、所体验的一切，因为你身边没有一面镜子，让你反省一些自己认为理所当然的事。

莱昂·麦卡隆

长途自行车手、徒步旅行者、制片人。

我想只身旅行的好处包括……

单身旅人的脆弱常常会鼓励更多人接近你，跟你说话，而成对或者成队的旅行者看起来就比较自给自足。

而结伴旅行的好处包括……

可以有人一起探讨想法和决策，能得到另一种视角和意见，别人也有可能看到你看不到的东西。

如果我得选，我会结伴出行，因为我喜欢有人陪伴，而且对一个要录下冒险旅程的人来说，有另一个人在创意还有后勤方面提供帮助都是很可贵的。我现在不再想一个人做一些特别长距离的旅行了。年轻的时候我想证明自己（对我自己，也对世界），所以有只身旅行的需求，但现在我觉得一个人太没劲了。

sea·me
I AM NIKON

斯蒂夫·德维–琼斯

搭便车游遍美洲。

我想只身旅行的好处包括：

有更多思考的空间。你可以学着独处。

但我觉得只身旅行会非常孤独。每次我去什么新的地方，我都希望能有人分享想法，看看他们对这个地方是不是也有同样的感觉。我也讨厌一个人吃饭。

马特·普莱厄

冒险家、前战斗机飞行员。

我想只身旅行的好处包括：

要加入或者退出任何队伍都不用心里觉得难受。冒风险也更容易。

而结伴旅行的好处包括：

你不用总是在介绍自己，天天跟人讲述同样的故事：这种事持续一阵就变得很没意思了。

如果你在公路旅行，那绝对值得拉上一个朋友一起。这么说吧，结伴能成就你的旅行，也能摧毁你的旅行，所以要谨慎择人。和别人同行能塑造出持续终生的坚固友情，但我也听说过好朋友一起旅行，回来后就再也不跟对方说话了的案例。世上到处都有喜欢随意的人，所以不要觉得你不能马上找到旅伴就只能孤独一路！

汤姆·摩斯

登山家、冒险家、自行车手。

我想只身旅行的好处包括：

对我来说，只身旅行是一种更强烈的体验。这听起来有点夸张，你无时无刻不需要自力更生，要自己做每一个小决定，要亲身去体会所有这些经历，而身边没有一个可以分享的人，这确实是不一样的。

而结伴旅行的好处包括：

旅途的高潮低谷都会因为分享而变得更温和，而且大体上，事情会变得更容易，也有趣得多。

如果要我选……我不觉得这种选择比另一种更有什么启发性。如果你想考验自己，逼迫自己，想有一份更深刻的体验，我会建议你只身上路。如果你更喜欢玩得痛快（假设你有个好旅伴），想问题减半，那就结伴出行吧。

奥利·惠特尔

划独木舟沿湄公河而下。

大部分冒险我都是一个人进行的。一队人一起去我反而觉得是更大的挑战，所以可能下一回我会计划组团冒险。还有，我想双人冒险跟自己一个人或者跟一队人冒险完全不是一回事。

双人组合可能会彻底闹翻，我觉得三人以上的团队不太容易出这样的事。

我想只身旅行的好处包括：

更容易启程。

不用对其他人的安全负责（要是搞砸了，反正有麻烦的也只有你自己）。

你不用担心是不是每一个人都开心（冒险很少会是纯粹的乐趣）。

旅途更吓人，自己得到了锻炼的感觉也更强烈。

如果让我选择自己下一次冒险的方式，我会选择跟一个团队出行。因为我已经进行过很多次单人冒险，所以这会给我新的挑战。我大概不会选双人组合吧。

多姆·吉尔

骑着双人自行车游美洲，途中会搭载路人。

我还是很喜欢单人旅行的，有种发自肺腑的原始心性在里面，我喜欢那种让人自省的感觉。事实上，在这些旅程里体验到的那种轻微的抑郁让我有点上瘾了。你变得非常孤独，而当你孤独时，你会深刻地思考人生的方方面面。这可能会让人抑郁，但我能进行创造性的思考，能写作和拓展各种想法。我喜欢单人旅行的这个方面。而且，只身旅行总会有逞能的一面。你跨越低谷到达彼岸，然后就可以向人夸耀自己独立做到了这一切。特别对于男人，我想这种事是有点吸引力的。和人结伴做事，我想会更有利于学到人生经验。跟这些前一刻还是陌生人的新面孔打交道，让我对人有了全新的理解，这增进了我与周围世界沟通的能力。

科林·威洛克斯

作为一名背包客游遍欧洲。

单身旅行者之间有种不成文的约定，它叫作“见鬼了，我们来做朋友吧”。它的参与者不会是那种你走进门时转过头去的人，而是那些继续看着你，也许还朝你微笑的人。你在路上交到朋友的速度可快了，简直令人难以置信。

安德鲁·福斯霍菲尔

徒步4000英里穿越美国。

我觉得旅途没有自己原来以为的那么孤独。当然，也有那样的时刻，我觉得孤独，或者碰上事情让我大呼“我的天，不敢相信我正在经历这种事”——我却没办法跟任何人分享。我想大概人类都有这样一个本能：我们想要和别人沟通，想要互相讲述各自的故事，然后一起沉醉在这些经历里面。当你没法跟人分享，有时是挺难的。但我想，这也让那些与人分享的时刻变得更加特别。我想寂寞，有时还有孤独——就是那种独处的感觉——真的会给那些与人共处的时刻增色。

杰西卡·沃森

在16岁时独自环球航行。

和朋友一起冒险真的非常棒，同时它也是一个深入了解他人的好途径，但拥有一次只属于自己的冒险也有其特别之处。也许那

有点自私，但只属于你的特殊时刻是十分奇妙的。

蒂姆·霍宾

用一艘50英镑买来的皮划艇在恒河上泛舟。

现在，我回想起的精彩时刻就包括在清凉芬芳的晨雾中将船推入河里，太阳正在升起，孤身旅行带来美妙的孤寂。

尼克·康纳

靠1000英镑从英国骑行到日本。

我朋友到俄罗斯就放弃了。我们还是很好的朋友。这个跟你多有体力没关系，关键是精神状态，我觉得他没有我那么投入。他表现得很不错——他骑行到俄罗斯再掉头骑回家。在我从莫斯科骑行到东京的这段时间，他取道南欧骑回家，遇见一个女孩，和她住到一块，一起经营一份生意。约翰是个经验丰富的自行车手，有过很多旅行经验，所以有他在身边帮助很大，特别是旅途开始的头几个月。但如果明天再出发，我会自己一个人上路。

詹姆斯·卡斯特里西恩

曾划皮划艇横渡塔斯曼海。

这是我以前得到的一些建议。那时我和（我的冒险搭档）琼西有一段困难时期，一个朋友对我说："你看，就算项目80%的活都归你干了，光有那80%还是不够你走上起跑线的。"那80%还得我一天24小时不停地干活才搞得定。所以即使琼西只干20%的活也够了。但到了旅行开始时，琼西真正的强项才发挥出来。他在旅途中的表现远远弥补了之前的不足。

凯尔·汉宁

从非洲的最低点旅行到最高点。

我把那一趟旅程称为"只身"冒险，但我上路的一部分原因就是为了遇见那些我终将会依靠他们的人。一路上那些焊工、机修工、侍者、司机还有心地善良的人们成就了我的旅程。我在旅行结束后才意识到，我追寻的是人生中的种种偶遇与牵绊。

对你来说也许很简单，可对我来说……

“你去冒险当然没问题，”有时我会听到人们这么喊道，“我不像你，不是男的，没那么强壮、有钱、年轻或者英俊。”

好吧，最后那点儿是我编的，但其他那些我确实常常听到。而且进行疯狂大冒险的大多是男人，体格强壮、年轻、单身，而且不怎么穷，这大概不只是巧合。

但我确实相信任何人都能进行无畏的大冒险。我知道你不需要体格强健、勇敢或者有钱，因为我自己就不是这样！

女性朋友常常来问我，大冒险到底适合不适合女性进行。以下是我采访的一些冒险者对这个问题的想法。她们比我更有资格回答这个问题：

汉娜 · 恩格尔坎普

带着一头驴子在威尔士徒步旅行。

一定程度上，如果你面带微笑，天真烂漫、满怀热情地踏足外面的世界，人们也会回以同样的友善和热情。没什么坏事发生在我身上，但你知道，我是在威尔士，世上有些地方还是很可怕的。

坎迪丝 · 罗斯 · 拉尔顿

驾驶三轮小摩托走了1900英里跨越印度。

我要对其他想独自旅行的女性说的是：“担心是永远不会消失的。你永远没法不去想有什么事情会出错。”你知道吗，我真的很享受旅行。我觉得只身一人是种邀请，邀请他人与我交流。我认为当人们看到独行的女性，他们通常都会想来帮助你和保护你。

谢琳 · 泰勒

骑行两年穿越亚洲和南美。

作为一名女性你可能会害怕一个人上路，不管是去露营还是去一个陌生的国家，可是一旦启程你就会发现，对女孩子来说事情可要轻松不少。我在各国都曾被无数家庭收留，因为那些国家的女性不把我看作一个威胁，而是看作一个朋友。我爱死冒险了，而身为女性更是激励了我上路，而不是吓退我。

凯莉 · 奥尼尔

靠1000美元完成一次壮游。

我是个胆小鬼，但就因为冒险了这么一回，现在人人都觉得我是个无所畏惧的冒险家。我真的不是那种人。我以为自己会害怕一个人露营。那是我最大的担忧，结果我根本不怕。旅途上总有风光无限的地方。食物都很简单，因为我预算不多，但长夜将尽时，能在帐篷里度过平静安宁的时光对我来说是彻头彻尾的福音。我也不担心被绑架什么的。

泰甘 · 菲利普斯

骑行穿越西班牙和非洲。

身为女性有时帮助很大，有时又令人烦恼。人们绝对是更乐意让我到他们家里去，也更乐意在我需要时给予帮助——我想如果我是个男的，大家的疑心都会更重一些。这是对性别的刻板印象带来的好处。开始的时候，我也会觉得自己有些事情做不到或者不该做，因为我是个只身上路的女孩子，那种感觉真是烦透了。我有过一次特别可怕的性骚扰经历，之后人都有点战战兢兢的，但随着我在旅行还有露营方面越来越得心应手，

这个问题就没那么严重了。除此以外，身为女性跟什么都没有关系——事实证明探险是不分性别的。

罗西·斯威尔-波普

跑步环游世界。

真是胡说八道！任何年龄任何性别的人都会有一些事比另外一些擅长。但我相信独自旅行的女性更安全。当然，你得遵守野外的法则——要有礼貌，做事要有条理，你要以自己的方式付出，要毫不畏惧地行动。在西伯利亚的时候有杀人犯教过我怎么生火。我也去过对男人来说都很危险的地区——他们会被射杀。但我不会构成威胁，于是平安度过了一次又一次。我也是个快活的人，那份快乐会影响周围的人。世上有很多伟大的女性旅行家——比如芙蕾雅·斯塔克还有其他一些人——冒险不是只属于男人的游戏。生活是属于所有人的游戏。不管你选择做什么，动手做就是。最近我碰见一个男的，他渴望去旅行，我就跟他说："那就去啊！快动身！"

莎拉·奥滕

骑行、划艇环游北半球。

确实有很多女性会问我："安不安全？你自己觉得安全吗？我做不到。" 我觉得比起男性，女性更容易因为负面言论退却。大部分时候人们都很友善，也乐于帮你。世上没有什么能阻止人们去冒险，除了死亡，真的。我觉得生活中的一切都是如此，不是吗？

宝拉·康斯坦特

与骆驼一起徒步穿越撒哈拉沙漠。

身为女性是一种优势。在世界各地很多种文化里，这对你更加有利，所以别因身为女人而感到害怕。别让我没完没了地重复这句话！但很多踏上冒险之旅的女性喜欢跟男性竞争。可你看，我们是女的。我们旅行的方式不一样。接受现实吧。在世上大部分地区，身为一个女人，特别是一个漂亮的、充满女人味的女人是很有好处的。但不要过分利用这种心态。我要说的是，不必作楚楚可怜的样子，而应自尊自立，抬头挺胸做人。游牧文化对强大的女性只有无比的尊重。如果你在和蔼可亲、保持微笑的同时又刚毅坚定，那比起男人你就有了独特的优势。

当地人会为你着迷，而男性旅人则会被他们视作威胁。通常这是一个优势。是的，一如往常，有时你也会碰到性骚扰。但这种事归根结底还要看你怎么应付。对于怎么处理这种事，我会给你一个全世界通用的重要建议。你保持礼貌，但就像简·奥斯汀的小说里对付柯林斯先生那样，你彬彬有礼，但态度坚决。

海伦·洛伊德

骑行纵向穿越非洲大陆。

我很惊讶今时今日社会还对两性这么区别看待。就算我是个男人，冒险也不见得更安全。基本上风险都是一样的，只要你采取合理的预防措施（就像任何人旅行时都会做的那样）就没什么问题。当然，你也可能运气不佳，在错误的时间出现在错误的地方，但女性之身不会带来任何区别。作为女人，唯一的额外风险是男性的非礼，但这个问题也不仅限于在旅行中出现。事实上，我觉得在很多方面，身为女人是一个优势。世上大多数人都是乐于提供帮助的好人。也许是他们看我是个女人，觉得我会需要帮忙或者保护吧。我是个女人，比起男性肯定也显得更加容易亲近，没那么吓人。在一些文化里，身为女性意味着你会被邀请到各种场合，而男性是从来不会得到这种待遇的。

杰西卡·沃森

独自环球航行。

我喜欢首先把自己看作一个人，其次才是一个女孩子。可能因为我还年轻，我成长的家庭也从来不会把我、我的姐妹和弟弟区别对待。但我很难理解为什么女性冒险就该比男性少。

在和我交谈过的人当中，一些最能给人启发的人已是长者。的确，他们的健康状况可能好于一般的“退休老人”，但对于那些害怕自己已经过了冒险年纪的人来说，他们的热情和精神足以鼓舞人心。

库·金

背着越来越小的背包探索这个星球。

在多年的冒险过程中，我们注意到路上有越来越多的老年人在独立旅行。旅行不再是间隔年①学生的专利。世界各地都有各个年龄层的人在开启自己独特的冒险旅程。如今的经济形势意味着接受裁员（通常附带有不错的一揽子经济补偿）对很多人来说已

---

① 间隔年（gap-year）：一些学生会在中学毕业后上大学前休1年左右的假期，用于实习或旅游，称为间隔年。

经是一种选择。与其花钱重新装修厨房或者给家里添置一个新温室，有些人选择扼住命运的咽喉，订下整年环游世界的船票。二十几岁的时候，未来就像空白的画布一样在你眼前展开。但当你年届不惑，甚至已经到了五十来岁的年纪，你会意识到时间是有限的。我们还有一大堆冒险之梦要实现，我们一定要在患上关节炎前搞定它们！

罗西·斯威尔-波普

她在花甲之年跑步环游世界。

年龄是最糟糕的问题之一，现在我大多数朋友比我女儿都小。但人老去的时候得问问自己“我是谁”和“我想要什么”。生活不是一场彩排！很多人就是直接放弃了。生活中真正的障碍如此之多，我们不应该再给自己制造虚假的障碍。我们不该自己困住自己。有钱人才会想老了不能做什么，世上的穷人就算老了也要继续讨生活，是我们自己放弃了。当然，每个人的生理条件都不一样，衰老也自有其现实问题。当宝拉·拉德克利夫老了，她不会再跑得那么快，但她可以做点别的惊人之事。我68岁了，但我为自己的年纪，为自己是怎样的人而欣喜万分。我可以既是21岁也是68岁，我还没真正长大呢！

斯万·雅文

75岁的水手，曾驾着20英尺长的小船驶过合恩角。

我年轻的时候会从早上8点到晚上10点都在忙自己的冒险项目。但现在我年纪大了，手脚也慢了。不过这也没关系，我很享受造船的过程。它很有趣。现在我知识更加丰富，也更有耐心。我的思绪会四处游走，我会尝试新的东西（船的细节设计），但通常不会成功。我会再试一次，试点别的。

在年龄光谱的另一端，年轻人常常会担心自己缺乏经验，不适宜踏上大型冒险之旅。然而，人总得从某个地方开始，以下这些冒险者证明了年龄不是成就壮举的障碍。

泰甘·菲利普斯

漫画家和自行车手。

我21岁。我觉得年龄小反而是个优势，因为对我来说，冒险最重要的一点就是要抛弃一些你之前根本没意识到的陈规旧念。很多时候我会涌起一些念头，像“哦不，我不能在餐厅的洗手间里洗头，这根本不像话”。然后我会想：“有何不可呢？”我之前到底是从什么地方学来这些愚蠢的想法的啊?

安迪·沃德

徒步穿越欧洲，从英国一直走到伊斯坦布尔。

你总得从某个地方开始。你不需要经验。人人都曾徒步走过一段距离，跟路上碰到的陌生人聊天，然后在壕沟里支起帐篷，或是请求一位农民允许你在他们的田野里露营。冒险不过就是起身然后出发这么一回事。我那时有点担心冒险过后再找工作的事，但旅程走到一半的时候，我收到伦敦两家投资银行的电子邮件。两家银行都邀请我去他们那里工作。我之前压根没申请过银行的工作。他们听说了我的徒步之旅并看了我的博客，然后就来联系我了。我跟他们谈过，问：“你们怎么就会想要我呢？你们连我的简历和资料都不清楚呢。”他们说：“我们有足够多的剑桥毕业生。我们想找一些有趣的人。我们需要一些能跟客户聊天，聊一些有趣事情的人。”

莎拉·奥滕

划船横渡印度洋。

我想人在21岁时都会有一点天真。你会觉得自己能够跟世界、跟一切分庭抗礼。我对这个问题的看法是很简单的。我不知道正确的说法是怎样，但我在看到其他人进行大冒险后，心想：“这又不是什么高深的学问，就是个大项目罢了。只要我能把项目分解理清，自然就能完成了。”

杰西卡·沃森

独自环球航行。

人们对年轻人的期望之低有时真的很让人难以置信。我在准备环球航行的时候，经常碰到一些人，他们觉得一个年轻姑娘是不可能干得成这种事的。我不知道为什么我们会不假思索地认为一些事是不可能完成的，而不去考虑一下这些事怎么才能完成。

安德鲁·福斯霍菲尔

徒步穿越美国。

我怀着成吨的问题从大学毕业，完全不确定自己想干什么。然后我想，我可以尝试创造一个状态，帮助自己直面那些问题。我想自己应该到国外看看，但接下来我就被炒鱿鱼了，没能存到预定的资金。于是我想，干脆就徒步出发吧，然后一切从简。我带着一个牌子，上书“徒步并聆听”，目的是让人们感到好奇，希望他们能停下来，和我分享一下他们的故事，或者是给一点建议。就是这样。我有个基本原则：走能走的每一里路，尽可能露营，因为我的钱就那么点儿了。

贝琳达·科克

划船环绕英国航行。

我曾经谨守本分，在学校努力读书，并且觉得自己已经尽到了对父母、朋友和社会应尽的义务。然后，我完全违背了父母的愿望，跟他们说我要到非洲去研究猴子，然后花一年去冒险，之后再回到社会的大车轮上，去上大学之类的。这无疑是我做过的最正确的决定。

有些人说第一步是最难的，但我觉得第一步也是最容易的。真的，如果冒险是你最想做的事，走出第一步根本不用费什么脑子。我从参与一次有组织的冒险活动开始。我是付费参与的——当你没有任何经验，就该有心理准备自己要花钱来换取经验。我希望参与一些动物学方面的野外工作，而且只身一人的话做不成什么有意义的事。

凯莉·迪戈尔

骑行绕了冰岛一周。

22岁时，我为自己开始安于随波逐流的生活感到惶恐不已。这种生活已经变成了一个常态。于是我背弃了以倒咖啡为生的日子，卖掉了自己的车，跟爱人说了拜拜，然后离开了康沃尔。我不知道自己要去向何方，唯一知道的就是自己内心有成就一点什么的熊熊欲望。我想要旅行，去体验新的文化，去与各种各样的人相遇，并且有目的地踏出自己的舒适区。毕竟我还年轻，而且说实话，还有点天真。目前在我的经验里，这些都让我倍受照顾。

斯万·雅文

计划环绕南极洲航行。

对于考虑踏上第一次冒险的年轻人，我的建议是别相信那些大人！你需要的是勇气。你得勇于做个叛逆分子。

几年前我和菲尔·帕克一起从英格兰划船到法国。他是一个残障士兵。在那一段冒险经历里，我深刻地体会到：很多对我来说很简单的事，我根本想都不会想的事，对残障人士来说不是很困难就是完全无法做到，他们的日常生活因此倍加艰难。而另一方面，残障人士已经习惯了困难和不适，这是完美的冒险训练！我参与这次旅行是为了帮助菲尔，但我晕船严重到基本帮不上什么忙，几乎什么都要菲尔帮我完成！如果你觉得自己的身体状况会限制你的冒险野心，好好看看下面这些采访吧。

吉米·古达德

驾着手动自行车登上乞力马扎罗山。

攀岩意外让我胸部以下瘫痪了。我在斯托克·曼德维尔医院的床上躺了1个月。而那时，我最想做的事是回到山上和野外的空气里，远离在医院困扰着我的“残障”问题。专注于一场大型挑战使我继续奋勇向前。我到马萨诸塞去测试手动自行车，之后到亚利桑那跟一个朋友到月球表面一般的地形上训练，因为那种地形跟乞力马扎罗山相似。再加上之后在英国的训练，这些都给了我决心和专注力。在意外之后，这样的心境更是一服良药。如今有那么多人成就了那么多非凡之事，你计划要做的事几乎不可能没人做过，所以到网上搜搜看，找点灵感吧。别害羞。跟人们谈谈，征求他们的建议。大多数我见过的冒险者都格外照顾尝试踏上冒险之旅的新人。最后，梦想要大，但起步要小。好好学习步骤方法——要拿什么装备，怎么筹措资金，怎么做好计划——然后循序渐进到更长的旅程。

凯伦·达克

有二十年骑行、海上独木舟及坐式滑雪冒险经验。

我不知道要是多年前自己没有瘫痪的话，生活会变成什么样。当然，我敢肯定我会更投入攀岩和征服崇山峻岭的活动，但谁知道呢？就像电影《滑动门》里那样，一个决定或者一次事件彻底改变了你的人生轨迹。我也不知道，自己如果没因攀岩意外伤及脊椎，人生会走向何方。我在瘫痪以后所做的一切，都是因为在内心深处，我还怀抱着对冒险、运动和户外的热爱。我想人们觉得我更令人惊叹或者予人启迪，只是因为我碰巧瘫痪了而已。但还能参与我热爱的活动（尽管以不一样的方式），我已经觉得十分幸运。我也庆幸能拥有一帮至交好友和冒险伙伴，没有他们，我经历过的大部分冒险都将无法实现。我刚刚瘫痪那会儿，坐着轮椅在医院里活动都是一个大冒险（不是开玩笑的），是一个迷你的探险活动。对将来感到气馁的时候，我发现把对潜在问题的恐惧通通写下来对自己的心境大有帮助。然后我会想出一件自己能做的事，好让自己乐观起来，不管这事有多小或多愚蠢。比如说我在滑雪穿越格陵兰冰盖的时候带上了一个有两个量计的温度计，好能监控我双脚和臀部的温度，以降低冻伤的风险（因为我这两个部位已经没有感觉了，无法知道它们有没有变冷）。我也带上了一个强奸警报器，以防遭遇北极熊袭击。据我所知，它们不喜欢响亮的噪声，而我自觉是队里最脆弱的人。也许这都是些愚蠢的解决方案，但它们帮助我树立信心，克服恐惧，于是我觉得整个冒险也就没那么吓人了。

很多和我交谈过的人是连环冒险者——他们从事冒险活动多年，甚至有可能以此为生。但任何人都有踏出第一步的时候。我们都曾经是菜鸟。如果你不曾参与过大型冒险，别因此灰心，也别限制自己的野心。很多和我聊过的人，甚至可以说大部分和我聊过的人，在一开始都不清楚自己将要陷入什么样的境地。如果你有勇气开始，有理智去学习，也有能力求生，那你决心要去完成的冒险大概都能成功。

尼克·康纳

只花了1000英镑骑行到日本。

在骑行前往日本的前一年，我去山脊路[①]，骑了一个通宵。那就是我唯一的冒险经验了。我是一时冲动下参加的，我热爱骑行，但算不上体魄强健。我赘肉很多。你看，我有肚腩，喜欢喝啤酒，也喜欢时不时来个大汉堡。我也没有雇营养师或者每天早上5点就出门去训练。

英格丽德、肖恩&凯特·汤姆林森

骑行穿越美洲。

除去买自行车、拖车和机票，其他的（费用）我们基本都是在路上一点一点凑齐的。我想这样一次旅行，你能做的准备也就这么点了。如果你要等到自己百分百做好准备，还要把该知道的都研究通透，那你可能永远都出发不了！我们那时也没有钱买高档的自行车装备。第一次把行李装上拖车时（还是在因纽维克[②]这种偏僻地方！），我们发现自己已经彻底超载，不得不放弃一半的装备。

---

① 山脊路（Ridgeway）：英国一条历史超过5000年的古道，现已立为国家步道。山脊路从威尔特郡延伸至白金汉郡，全长约140公里（约87英里）。

② 因纽维克（Inuvik）：加拿大西北部因纽维克地区的首府，位于北极圈内。

泰甘·菲利普斯

骑行穿越西班牙和非洲。

当时的我没有经验，没有GPS，没有事先设定的路线，没有方向感，没有什么深谋远虑，也没什么协调能力。这就意味着我绝大多数时候根本不知道自己在哪儿。每天我至少摔下车一回，还经常被黄蜂袭击，被带刺的灌木剐伤，被路边的固定桩绊倒。我们从没在一个地方待超过一晚，在桥底、在私人物业（未经允许或者在得到允许之后），和朋友的朋友的朋友，和我们无法继续前进时偶遇的人们一起露营。但最后，我到达了阿利坎特。这说明了既然我能做到，那谁都可以做到同样的事。你真正需要做的不过是以下几件事情：骑车，吃饭，睡觉，然后不断重复。

马特·伊文斯

走陆路从英国一路旅行到西贡。

我想，如果要我给出实现人生之旅的建议，我会建议你深吸一口气，做一点切实的、能让旅行非发生不可的事情。我们都能扯半天自己想做什么，说得像真的一样，但除非你真的过了那个临界点，做出让旅行无法取消的事，否则一切只是白日梦，就像逛街光看不买。我个人觉得白日梦缺乏成就感，逛街光看不买也让人烦躁。所以行动吧，做点难以撤销和动摇的事。只要踏出那一步，你就会想办法让其他事也水到渠成。

奥利·惠特尔

曾划独木舟沿湄公河而下，以及徒步穿越冰封的贝加尔湖。

我差点刚出发就搞砸了。我划独木舟的

经验基本为零，出发前没找着救生衣，更不知道自己的独木舟好使不好使。我感觉船很不稳定，漏水也漏得太多。还好有塑料罐可以把水舀出去，后来这个罐子也被用作临时的尿壶。这种“管不了那么多了”的感觉是不可能在干净、安全的日常生活里体验到的。

杰米·布恩楚克

曾在塔吉克斯坦和蒙古与原住民猎人共同生活。

要实现一趟冒险之旅，最实际的一步是订好到那个国家的机票。然后这事就定下来了，剩下只要想办法解决问题，然后希望一切顺利就好。别把每一个细节都抠清楚了再出发，因为你绝无可能彻彻底底计划一次冒险。总有某个时候你要不顾艰险毅然行动。订好机票，你就完成了那关键的一步。

马丁·哈特利

曾完成四次到达地理北极点的探险。

我的冒险生涯始于一个意外。我似乎只是偶然走上了这条路，然后就一直走下去了。那时我参加了一个户外写作比赛，奖品是一趟到珠峰大本营的登山旅行。我错过了网上提交的时间，于是要骑车到一个指定地址交稿。我原以为来开门的会是个唠叨的老人家，没想到来的是个瘦小鬼，名叫保罗·迪根。他邀请我进去喝杯茶，然后我就被请进探险总部面试。很多年后保罗才跟我说我的文章烂透了，但他跟探险队的队长提议说队伍需要一个摄影师，而我看起来不错，正好也会照相。如此我就踏上了自己的第一次探险之旅。为了凑钱买那次探险的机票，我还把自己所有的显像设备全都卖掉了。

杰米·麦克唐纳德

跑步穿越加拿大。

我真的不会做计划。我就是那种小天真，觉得不管去哪里，在那个环境下生活的人肯定有最适合在那里生存的装备。所以我根本不会去考虑这种问题。我不会去查任何品牌的衣服，直接就出发。基本上，这就是我穿着一套超级英雄行头上路的原因。大家都是好人啊，看到我在路上会送跑鞋，送保暖的衣服，关心我人还行不行，因为我的做法确实相当愚蠢。

杰米·鲍尔比-惠庭

曾乘筏在多瑙河中航行。

你不需要知道自己要在哪里睡觉，在哪里找到吃的。只要坚持下去，你总能找到点儿什么。我们应该停止担忧，因为一旦害怕起来，我们就会迟疑不决，最终一事无成。以前我经常犯这种错。你不需要昂贵的装备，也不需要过往的经验和过多的计划。你所需的不过是一点儿欲望和投入，亲身踏出旅程的第一步。

利亚姆·马丁

曾骑着一辆送比萨的外卖小摩托到达希腊。

我们尝试过做计划：几个人点上啤酒聚到一块，装作是真的在做计划。我们经常那样干，但最后都是瞎扯淡。后来我们直接出发骑到多佛，全程花了七个钟头。我们完全没想到会这么费功夫。到了那里以后大家都是一副“完了完了，这得什么时候才骑得完啊”的样子。这绝对就是那次冒险成功的理由之一，因为之后我们都不指望什么了。

策划
HATCH A PLAN

于是，你决定好要去冒险。你开始存钱，也从日程上排出了时间，家人和老板都知道你要上路了，没有什么挡在你面前。走到这一步，你可以得意地笑一笑了。

然后呢？接下来你就得想好自己要做什么，要去哪里，是时候做计划了。

你可能已经非常清楚自己想做什么了——那也许是你儿时的一个梦想，又或许是你反复琢磨过的事。如果是这种情况，你可以直接跳过这一章，着手去列一下待办事项。

但对很多人来说，有冒险的渴望并不意味着他们清楚自己想做什么。在对旅行和冒险有所了解之前，你很难弄清自己想从中收获什么，或者自己需要什么来完成一趟像样的旅行。我刚起步的时候也是这样。我对如何实现冒险一无所知，也不清楚到世界上不同的地方旅行会有什么不同。我知道的事情不多。

我只知道自己想要远离熟悉的事物，搞点挑战体能的活动，但我没有特别的技能可以依靠。野外比起城市更能吸引我。旅行的花销也得足够少才行。当时我真心不在乎自己所做的事：我就是想做点什么！

接着，当整个世界都在招手，我们又该怎样缩小自己的选择范围呢？我说过当时不知道该做什么，但实际上，再仔细看看，我发现我还是有一些自己原来没有意识到的考量的。虽然世界很大，但要缩小选择范围并不难。

我想要远离所有熟悉的事物，这就排除了英国和欧洲的探险。

我没有什么特别的技能，所以也不用考虑攀登技术难度高的高山。

我想做点挑战体能的事，所以自驾和搭便车就不必考虑了。

比起城市，我更喜欢野外。

花钱要少，这就排除了海洋和极地探险。另外不去发达国家也就说得通了。

于是，我就能更清晰地写下自己的想法：我要一趟有点难度但技术要求不高的冒险，地点在非洲、亚洲或者南美洲。可能会徒步，也可能是骑行。

非洲我已经去过了。亚洲的食物比南美洲好。骑行感觉比徒步更合适。于是，没费多少工夫我就把计划细化成在亚洲一个偏远地区骑行。

重要的是，别为去不成的冒险烦恼。之前我讲了决定骑行喀喇昆仑公路[①]的过程。虽然听起来未免有点随便，太轻易放弃了其他成百上千个机会，但从另外一个角度看，那是一系列基于实用主义和抱负的决定，也最终成就了我最美妙的骑行冒险之一。别担心那些错失的冒险，那是傻子才做的事。我常常深情地回忆起自己骑车穿越中巴边境海拔超过15000英尺的红旗拉普山口。我有其他上百种骑行选择，可谁在乎呢？重要的是我做了一件自己会时常记起的事。

要缩小范围，找到最适合自己的冒险，你可以试试回答下面这些问题。如果你在和别人一起计划行程，那现在就要让他们参与决策。

如果你已经跟同行的人很熟，就带上他们去酒吧，点几瓶啤酒，叫碟炸猪皮，然后开始讨论下面的几个问题。（我知道之前一章说过，你要想省钱，应该别去酒吧，不过，就让我们把这当作一次重要的冒险会议吧，所以这次是个例外。）

旅行开始前先了解清楚你们的计划和目标是十分重要的。如果目标不一致，旅途中的不和与争执就会随之而来。

① 喀喇昆仑公路（Karakoram Highway）：连接中国西部与巴基斯坦的公路，又称中巴友谊公路。

——你们可支配的金钱最多有多少？

——你愿意每天靠多少钱过活？诚实地评估自己愿意承受的生活水平是十分重要的，这样可以推算出手上的钱能让你走多远。你需要住酒店，需要每周吃一次比萨吗？是的话，比起那些愿意每天晚上在沟里吃泡面的人，可能你会更干净整洁，人也更精神饱满，但相对的，你的旅程也会更短。

——你准备忍受漫长又累人的过程，为你的探险寻求赞助吗？如果没有这个打算，你（暂时）就得跟海洋、珠峰还有南极洲的探险说拜拜了（除非你比路上遇见的大多数冒险者有钱得多）。

——你有多少时间来旅行呢？

——你希望独自出行，和一个朋友结伴，还是参加一个团队？为什么？

——你想要快速旅行，竭尽所能地前进，还是更喜欢轻松的安排，多有一些空闲的时间？为什么？

——你想要一次机动车冒险（乘坐汽车或摩托车）、一次旅行体验（乘坐火车或者搭便车），还是靠人力行进呢？为什么？

——你喜欢享受乐趣（别在冬天去西伯利亚骑行，但务必尝试一下春天去西西里岛骑行），还是想为前世的未知罪孽惩罚自己，来一趟受虐狂的惨烈之旅，寄望于未来的某一刻自己会为此感到快乐？你寻求的是第一种乐趣还是第二种乐趣？为什么？

——你最喜欢以下哪一种旅行方式：骑行、徒步、跑步、划皮艇、乘筏漂流、登山还是别的？为什么？哪种旅行方式你最不喜欢？为什么？

——世界上哪个地方最吸引你？哪些地方你没那么喜欢？为什么？

——你最喜爱什么环境和气候？最不喜欢的呢？为什么？

——一年当中，哪个时段你能出行？这取决于你想要什么样的天气，这个问题的答案能帮你指明一下方向。在一年中的任何时候，你都能找到夏天和冬天，但它们只会出现在特定的位置。

——你是把这趟旅行看作一个生活方式的选择（退掉租来的房子，辞掉工作，一路向着夕阳骑行），还是看作一次疯狂之旅，好让自己逃离消磨大半生的平凡世界（或者应该说是一次现实之旅，好让自己逃离消磨大半生的疯狂世界）？后一种情况的话，更短但更具戏剧性的旅行可能是更好的选择。

——你有什么有用的技能吗？你是不是个医务人员，或者能担当游艇上的工作？你有没有办法在路上赚到钱？你是不是个魔术师、机修工，或者通晓数国语言的人？如果旅行计划包含学习一些新的东西，你会喜欢吗？

——你追求的是那些激动人心、尚属世界首次的冒险吗？为什么？如果是的话，你要优先考虑媒体喜欢什么样的冒险，而不是自己喜欢什么。还是说你追求的冒险困难又具有突破性，但只对你自己有意义？如果是这种，你有什么点子都可以，只要它能让你兴奋到半夜在床上想得辗转反侧。你得给自己的冒险提供资金，因为没有别人会在乎这趟旅行。不过，大概你也不觉得这是个问题。

——你是个新手冒险者还是一个老手？问这个问题只是为了你能提醒自己，这真的不是个问题。当然，如果你想亲自攀登一座困难重重的山峰，而不只是靠向导拽你上去，你要学的东西可多着呢。但不管是什么样的旅程，要学的东西总会有很多，所以别气馁。

有些旅行需要更多的经验和专业知识，

追随自己的直觉，100次里有99次都会是不错的旅行。至于我自己，一次美妙的A点到B点之旅，设定一个简单的距离目标就足以让我兴奋不已。之后的路途也必定会有有趣的故事。

利亚姆·马丁

曾骑着一辆送比萨的外卖小摩托到希腊。

一天，我的朋友兼同事杰米说，他想骑着一辆C90小摩托去希腊。我为这个点子雀跃不已，因为听起来够蠢也够酷。我从eBay上买了一辆小摩托，好像就在我们那次聊完以后的第二天吧。那就是个蠢得彻底的时刻。之后事情就像滚雪球一般发展下去了。

保罗·亚彻

开着一辆伦敦出租车环游世界。

我们那时正在讨论要不要到什么地方搞一次大型自驾游，然后某天晚上，我们坐在出租车后座时，这个点子就来了。“史上最长的一趟出租车旅行是多长呢？”然后我们发现这个还有世界纪录。我们决定试试打破它。因为唯一能用的车型就是经典的伦敦出租车，我们就去找车源，从eBay上花1200英镑买了一辆，然后就出发了。

宝拉·康斯坦特

与骆驼一起徒步穿越撒哈拉沙漠。

在内心深处，塞西格（探险家）是我最大的灵感来源。他进行过那么多徒步冒险。我那时是个彻头彻尾的浪漫主义者，至今仍是，真的。我想冒险者得是某种程度上的浪漫主义者。

乔恩·穆伊尔

不带支援人员，只身徒步穿越澳大利亚。

我的第一爱好是登山。经过那么多年，在攀登过世上众多非凡的高山之后，我感觉自己已经在这个领域达到了个人能力的极限。而且，登山活动也开始变得丑恶，我觉得自己是时候停下来了。人们开始不再重视团队合作。大家开始越来越关注登顶之类的活动，而不是攀登过程的体验和山岳之美。不惜代价登顶变得越来越流行，而我实在不喜欢这种心态。那也是为什么我不再在珠峰当向导了。

想象力！你得先有想象力。没人能告诉你伟大冒险的必要元素是什么。你心里向往的是什么呢？问问自己，看看能想到什么，等有了答案，你就要采取行动。别让任何人告诉你你的心之所向是不可能实现的。去做就是了。但我得说，要是你需要问别人什么是构成优秀冒险的元素，也许，冒险其实不适合你。

瑞秋·贝斯维斯里克

徒步走完泰缅边境的“死亡铁路[①]”。

我们都认识一位二战时的盟军战俘，他曾经被迫修建泰缅铁路。斯坦是F军[②]的士兵之一，他们被迫走过200英里，从班蓬到缅甸边境修建铁路。我们决定重走他和难友们走过的路线。

本·桑德斯

史上最长人力极地旅行的纪录保持者。

“对我来说，不进行刻意为之的冒险是一件很重要的事。冒险应来自我对所关注领域的真诚渴望。”

---

① 死亡铁路（Death Railway）：二战期间，日军强迫数十万的盟军战俘与东南亚奴工修建泰国和缅甸边境上的战略补给铁路。繁重的劳动、极度恶劣的气候和生活条件导致十几万战俘和奴工死亡，该铁路线因此被称为“死亡铁路”。

② F军（F Force）：由英国和澳大利亚的战俘组成，是一支遭遇最悲惨、死亡比例最高的战俘队伍。

杰森·刘易斯

首位人力环球航行者。

那不是我的主意，是我朋友的。说老实话，我原来不觉得自己会干这种事。但他觉得在布鲁塞尔的办公室工作很无聊，于是考虑起了冒险。斯蒂夫注意到有人划船横渡海洋或者骑行横越大陆。但他顿悟的时刻是意识到这些旅程往往终结于大洲、大洋的一端。所以，为什么不继续前进呢？这个想法是如此的简单和美妙，看起来完全不像是什么噱头。这种感觉就是，“哇”。而且你不需要是个专家。那样的单纯很讨我喜欢。虽然有点老套，不过我知道斯蒂夫想出这主意时是在巴黎的一个咖啡馆里。他在香烟盒的背面写下这个点子——全靠人力环游世界。具有讽刺意味的是，他的字就在香烟生产商的警告语上面：“（吸烟）有害健康。”我希望他还留着那个香烟盒。

艾德·吉列斯比

不乘飞机环球旅行。

那时我想要远离工作，来一趟真正的避世冒险。我需要休息一下，恢复精力，重新与自己的内心还有我的环保工作建立联系——我要去看看那些我努力拯救的神奇地方。这是我重获平静、改变视角的机会，可以睁开眼睛，深深呼吸，感受这个美妙、野性而令人为之疯狂的星球。

马克·考尔克

在七大洲上最长的河流里泛舟。

在亚马孙之行后，我马上开始琢磨：“下一步做什么？”感觉没多久你就得考虑接下来的事了。我的女友荷莉提议说，专注于一件事会更好些，而不是这也做做那也做做。事实上，就是她提议我们在各个大陆上最长的河流里泛舟，从河流的源头一直航行到入海口。

格拉汉姆·休斯

不乘飞机到世界上每一个国家旅行。

旅行不是为了背上重担，而是为了分清优先度。如果你要的是舒适安全，留在家努力工作，可能等到67岁的时候去坐坐游轮就好了，只要你有那个命。但如果你想趁自己还年轻，现在就去看看世界，去一头扎进未知的刺激和热情里，每天都在一个新地方醒来，面对新的挑战，遇见新的朋友——那世界就是你的舞台——你要做的不过是下定决心出门，然后趾高气扬地起舞。

克里斯·吉勒博

到过世界上每一个国家。

我的建议是：第一步尽可能简单。第一步可以是去书店买本导游书，或者是到网上为自己的想法做做调研，然后马上计划下一步。进行到一定程度之后，找个有过类似冒险经验的人，问问他们是怎么做到的。最重要的是要提前考虑一下，问问自己不行动的话会不会后悔。如果答案是肯定的，接下来的事也许会很吓人，但你知道自己必须去做。

贝琳达·科克

二十多年来在丛林、山岳和沙漠拍摄探险活动。

这是你的冒险，张罗的人是你，给钱的人也是你。别因为对你的职业生涯有好处而去冒险，别因为你的好朋友要去而去冒险，别为了在女孩子面前逞能而去冒险。你去冒险，是因为这是你最最想做的事。

装备清单

KIT LIST

如果有人通知我马上备齐行李，十分钟后就出发，去世界上某个地方进行一次神秘冒险，以下这些就是我必定会打包的装备。

如果你手上没有这些装备，我强烈建议你从eBay上购买质量好的二手货，而不是便宜但质量没那么好的新品。这些装备重在质量，而不是皮相。买装备时要当心，因为你有可能花一大笔钱买下自己并不需要的东西。你可以先把预算花在其他冒险费用上，剩下的钱才用来买装备，而不是像很多人那样，买了一件400英镑的雨衣之后因为自己没有钱去环欧骑行而后悔（而这场冒险你完全可以用350英镑搞定，剩下的50英镑再用来买件雨衣）。

一个背包。买个比自己认为需要的容量小一点的背包，否则你会在里面装满多余的沉重装备，给自己增加生理和心理的负担。但是要记住你还得装食物和水，所以要保证留有空间。换句话说，买个比自己认为需要的要大的背包，但打包的时候要装作这是个小背包。能听懂我意思吗？！

结实耐用的鞋子。还有比这更不酷炫、更不让人兴奋的词组吗？你的鞋要承受很多冲击，所以质量必须要靠得住。旅途中这会是你唯一的一双鞋，所以你将穿着它脚步沉重地爬山，或者是趾高气扬地走进一家夜店，你还会尽力把上面的尘土刷干净，以便给签证官留下好印象，或者是穿着它参加一场被临时邀请去的婚礼。

美利奴羊毛保暖内衣。温暖、透气、舒适，几周不洗也不会太臭。你可以买件款式在前述的山顶、夜店、使馆或者婚礼等场合都不太扎眼的。

拉链式可拆卸长裤。在难看的服饰方面，它和“结实耐用的鞋子”不相上下。不管怎么说，我觉得拉链式可拆卸长裤（裤管可以拆下来变成短裤）的有用程度和多功能性都是现象级的。你还是有可能找到款式不那么滑稽的牌子（特别留意拆成短裤后的款式剪裁）的。

一条防风围脖。它用途很多，可用作帽子、垫在头盔底下的头罩、保暖围脖、止汗头带还有发带，还可以在亮处睡觉时用作眼罩。多功能性是判定优良冒险装备的关键标准。你应该尽可能选择有不止一种用途的装备。

睡袋。你预计自己将会经历的最低气温是多少，就买在那个温度下能保命的最小一号睡袋。买个小号睡袋，穿上所有衣服来保暖，可比背着一个不必要的大睡袋到处跑要好得多。你得决定自己要带羽绒睡袋还是合成纤维睡袋。天气、重量和成本将会决定你的答案。

丝质睡袋内衬。它能让你的睡袋更温暖，在炎热天气下也同样有用。它还能避免睡袋因染上汗臭而需要清洗，在你床上有跳蚤时也能用得上。

充气睡垫。除非你的冒险包含睡床（真幸运啊你！）或者要睡在有很多刺或者尖锐石头的地方（这种地方就带海绵睡垫），一张充气睡垫重量很轻，所占空间也少，而且能极大地改善你的睡眠质量。绝对值得花钱。买张3/4身长而不是全身长的。

一件雨衣。旅行的类型和天气决定着你要带什么样的外套。但在几乎每一次冒险时，你都会需要给衣物多加一个防水层。

密封袋。它能让护照和现金保持干燥。带几张不同的信用卡，但别把你的现金和信用卡都放在同一个地方，不能把鸡蛋都放在同一个篮子里。

牙刷和牙膏。对大多数冒险者来说，个人卫生的优先度都不高——点缀着晚餐碎屑的难看胡子是常有的事——但刷牙总能让人精神一振。而且，没人喜欢跟有口臭的人睡一个帐篷。如果你运气够好，刷牙也能让你方便亲吻（如果你能让对方忽略你难看的胡子、鞋还有短裤的话）。好好考虑一下你希不希望睡同个帐篷的人亲你……

啤酒罐炉[①]**。**谷歌一下你就能找到几分钟内制作出啤酒罐炉的方法。

所有你所需的药物。

太阳帽、防晒霜和太阳眼镜。

多功能组合刀具，比如莱泽曼或者瑞士军刀。

护照和相应的签证。

拖鞋。对极地探险来说不是必需品。

头灯。如果你打算去偏远地区，我推荐买一款用AA电池[②]的头灯。那些地方AAA电池可能很难买到，但地球上哪个村都卖AA电池。

笔记本和钢笔。如果你觉得自己不是会写日记的那类人，我劝你再考虑一下。你真的应该在路上记录下一些想法和回忆。终有一天，你会庆幸自己有这样做的。

书本。带一本可以看到你旅程结束的书，但书的内容和重量别沉重到你自己都受不了。比起小说，我更喜欢反复阅读诗词。

相机。别非得拍下每一样东西，到头来却什么都没有体验到。

羽绒外套。不那么必要，但如果要去气候寒冷的地方，又有足够的钱买，我一定会在行李里塞一件羽绒外套（或者一件羽绒背心）。预算和温度决定着你的选择。

开放的心态、耐心和健康的幽默感。

其他可以考虑的东西，具体取决于你要去世界上的哪个角落：**疫苗、抗疟药物、蚊帐。**

净水措施。查查哪种选择最适合你——化学法、过滤法或者只买瓶装水。

保险。针对你要去的地点和将要进行的活动选择购买。

我最喜爱的冒险回忆之一，是一趟在菲律宾为期三个月的旅程。我穿着短裤、T恤和拖鞋，哆哆嗦嗦地离开家去机场。我的小背包里装着一顶蚊帐、一个丝质睡袋内衬和一件纱笼[③]。纱笼可以用作毛巾，在大巴上睡觉时用来垫着，晚上洗衣服的时候也可以替换着穿。我还带了防晒霜、太阳眼镜和太阳帽（肤色白到半透明的诅咒），还有雨季来临时穿的雨衣。除此之外还有牙刷、日记本、相机、护照、信用卡、净水用的碘片和书。我人生中需要的所有东西都有了。旅程中这种极乐的单纯深深印在我的脑海里，和我第一次赢得自行车比赛胜利的回忆，和坐在狂奔的大巴车顶上的经历，和我在一个住了几周的偏僻村庄里被授予用棍子捅死一只猪的奇怪荣誉，一起构成了我冒险生涯中最精彩的部分。

① 啤酒罐炉：用空啤酒罐（或其他空易拉罐）做成的临时炉具，一般用纯酒精作燃料。作者的另一本书《微冒险》有提及啤酒罐炉的制作方法。

② AA电池（AA battery）：即我们常说的5号电池，AAA为7号电池。

③ 纱笼（sarong）：用一条长布裹身做成的裙子，常见于东南亚和太平洋岛屿。

TALISKER
FIELD NOTES

来自其他冒险者的智慧箴言

尼克·康纳

从伦敦骑行到东京。

我是在出发前一周置办装备的。那时考文特花园的户外用品店有个优惠大酬宾活动，我就顺理成章地想："啊，有意思，我就去那儿买吧。"我买了觉得会有用的东西，但最后压根儿都没用上。如果明天就要出发，我只会准备两条骑行短裤、两条普通短裤、两件T恤、食物、一个帐篷还有我的睡袋。真的，这就是你需要的全部东西了。

汤姆·艾伦

冒险旅行作家和制片人。

购买什么装备取决于花掉的钱会让你少旅行多少天。你得对自己的最低生活需求实事求是，才能达到自己的目标。好装备自然是好，但并非必要。如果要在垃圾装备和买了好装备却没钱去旅行之间选，显然你应该选自己买得起的装备，然后承受相应的结果。你懂的，不舒服就忍一忍嘛。

马丁·哈特利

极地摄影师。

理想情况下你需要一个可以换镜头的相机。自动对焦的镜头是不错，但在寒冷或多尘的环境就不甚可靠。所以你绝对应该买一个可以手动调焦并且扛摔的镜头。一个24毫米的镜头足够你拍多种照片，拍风景拍人像都行。这是我总会带着的镜头，以防其他镜头都坏了。35毫米的镜头是经典的镜头，再加一个长焦镜头，你就可以拍很远处的东西，甚至是人像——你可以拍一些多管闲事的、带有偷窥意味的人物照！

詹姆斯·科切尔

骑行环游世界。

我那时用的是一辆二手自行车，花了300英镑从一个朋友手上买的。买新车的钱我倒是有，不过我真的很钟情于骑着二手车环游世界的想法，于是也就那么做了。去冒险不必非得样样都买最大、最好的。我的自行车一路表现都很棒，我不觉得换成新车会有什么不同。所以别为没钱买昂贵装备过分担心，那不总是必要的。

列夫·伍德

徒步沿尼罗河旅行。

一旦你拥有相机和花哨的装备，你就越容易成为那些想捞点钱的人的目标。所以是的，你得让自己尽可能看起来粗犷一点，邋遢一点。人们就会觉得你比较像个嬉皮士，没什么钱，这是最理想的。

杰米·鲍尔比-惠庭

环欧骑行。

我曾经花很多时间阅读有关长途骑行旅行的书籍，但我们俩都没钱买好点的自行车。后来在英国一个小村庄里，我们碰见一个和善的老人在自家花园里卖几辆自行车，就每辆花30英镑买了下来，把保温箱当廉价版的自行车驮包装上去。我在斯洛伐克的朋友丹尼尔决定加入我们的行列。于是我们就在地图上从我在诺福克郡的家往他在斯洛伐克的家画了大概的路线，一路骑过去。这是一段长达1000英里的旅程。一路上，我们每晚免费露营，白天则到处收集野果，在烧酒精的啤酒罐炉上做饭。我们在湖泊或河流里洗澡。很多次我们都碰上了友善的人送给我们食物，给我们提供住宿，甚至是让我们骑他们的马。

科林·威洛克斯

游遍欧洲的背包客。

我建议你只带绝对必要的东西，只要能管住自己的手就不要买任何东西。东西尽可能一个包装完，对自己狠一点。

凯文·卡尔

满世界跑。

有什么要用的装备，你得在家的时候就学会怎么去修它。你有更换过车的轮辐吗？有没有试过在倾盆大雨下戴着头灯修补被刺破的轮胎？别等到在繁忙的路边抛锚、双手冷得发抖的时候才来学这些东西！

苏茜·威尔福德&亚当·琼斯

环绕冰岛骑行。

你不需要昂贵的新装备，一辆山地自行车就可以用来进行长途骑行了。用光面轮胎倒是个好主意，但带有深齿的越野胎能让你拥有钢铁般强壮的双腿！

克里斯滕·奇佩勒

在尼泊尔徒步旅行。

视你预算多少而定，有可能等你到达目的地再买东西会更值，因为它们在当地的价格经常会比在你家这边便宜得多。

汤姆·洛伊德-史密斯

骑行去印度。

我是由于雇主搞骑车上班计划买下的自行车，而其他一些价格比较高的装备（像帐篷、炉具）我花了很长一段时间备齐。我很早就把自己需要的东西确定下来，这样就能确定预算，也方便我留意着eBay上的动向，用比较划算的价格买下所有需要的装备。

待办事项清单：

随着你的冒险计划渐入佳境，你会发现自己被大量的待办事项淹没。你永远永远没有可能在出发那天天亮之前把这些事情都处理完。你的训练量不会达到预期。你会在出发那天打包行李打包到凌晨3点。

不被清单上的有趣事项（“买把多功能小折刀”）分散注意力是很重要的，不然你会忽略掉那些真正让你踏上起跑线的关键事项。待办事项清单有可能会越变越长，反而让你望而生畏，降低了自己的效率。以下是一份最简单的待办事项清单，以帮助你快速推进自己的计划。

从紧急而且重要的事情开始做。把清单上的事从头到尾做下去——不要因为事情无聊就跳过任何一个事项。这些事情都必须完成！

1.开始存钱，做好财务计划。

2.削减开支。

3.跟将会受影响的人讨论你的计划：你的家人、同事、朋友。

4.做个计划，把日期写到你的日程上。

5.告诉别人你的计划和你打算什么时候出发。

6.订下到你出发点的机票（或者做点别的相似的事，好让你不可逆转地投入行动）。

7.弄清楚哪些事情你不做旅程就没法开始，完成它们。

8.查好相关的政府程序、护照签证和后勤等事宜。

9.计划好人在海外时的医疗卫生保障。

10.做好安全应急计划。

11.置办装备。专注于你需要的，而不是你想要的。

12.只有到这里你才可以开始处理那些好玩的事项，比如买把多功能小折刀，或者建个网站什么的。

13.出发吧！

PART 2
选　择
CHOOSE

自行车
BICYCLE

我的冒险之心属于自行车。它是人类发明的最灵活、最多功能的冒险工具。一辆摩托车也许速度更快，而徒步旅行也许会慢一些（快冒险和慢冒险都有属于它们自身的时代和地位）。橡皮筏、独木舟和冰爪能让你到达更荒凉的地方，在异国生活和工作会让你更深切地融入一种文化，但一趟骑行之旅在以上这些方面都有上乘表现。

骑自行车是童年最愉快的活动之一。所有对骑行的称颂都不免陈词滥调，但这确实是真的：骑行很有趣。如果某项活动很有趣，为什么不多做做呢？当然，过犹不及是有可能的。我曾没日没夜地坐在车座上，把自己沉浸在骑行的痛苦和疲劳里。那些日子是经典的Ⅱ型乐趣[①]（当时很悲催，过后回想却觉得很光荣）。但自行车让你有了一个选择。你可以选择像马克·博蒙特那样疯狂地踩踏板，只用6个月游遍全球。或者，你可以模仿海因茨·斯图克的行为，出发去寻求一种比“无聊单调地工作”更充实的人生。海因茨想要掌握自己的未来。50年过去，行过370000英里之后，他仍在骑行环游世界！撇开别的不谈，这就是证据，世上还有很多东西可看的证据。你可能会选一个折中的步调。但重点是：骑行让你能自由践行自己的选择。

当我回想起自己大大小小的骑行旅程时，各种各样的快乐回忆纷至沓来。我回想起自行车载我去的各种荒郊野地。五花八门的荒野让我无比惬意，不管是积雪的山口，还是热浪蒸腾的沙漠，还是通向偏远苏格兰

① Ⅱ型乐趣（Type 2 fun）：作者在另一本书《微冒险》中提过，Ⅰ型乐趣指在冒险和旅行途中享乐，而Ⅱ型乐趣指在旅途中受苦，寻求挑战，以期在日后回忆时感受到喜悦和满足。

村舍的坎坷小道。

骑行可以很简单，在口袋里塞上一张信用卡、护照还有牙刷，骑完你在小餐馆和酒店之间的距离就好。自行车也能成为一个自给自足的小奇迹。我在自行车上装的食物和装备，可以重得无法把它抬离地面。这样前进的速度很慢，但能够让你穿越广阔的沙漠或者山区，丝毫不在乎路上是否看见另一个人或者找到一家商店，这让人感觉格外地自由和满足。我曾经带上足够吃10天的食物在冬日的西伯利亚骑行，每天晚上花费好几个小时融化足够的雪做第二天的饮用水。我曾经驮着所有的必需品不间断地骑行穿越土库曼斯坦，因为我在护照上伪造了日期，所以不想多逗留。在阿根廷、智利和玻利维亚之间的山地荒漠，有超过一个星期的时间，我在骑行的路上没有跟任何人说话，一个人对抗着凛冽的寒风和沙尘滚滚的道路。

但骑行并不只是为了把世界抛在身后。我也曾在交通高峰期的北京享受过被自行车流包围的骑行，或者是在拉巴斯①的混乱街道上穿行。骑行是与他人会面的绝好方式。骑着自行车到达某个地方时，你不会被贴上“烦人的旅客”或者“有钱的老外”的标签。你只是个骑车的人，一个挺有趣的家伙。

“你从什么地方来？你要到哪去？骑自行车？你真是疯了！来见见我家人吧！”这就是骑着一辆装得满满的自行车到地球上任何一个地方人们的标准开场白。我曾被邀请到清真寺和教堂，还有蒙古包和使馆，泥屋和公馆。无论走到哪里，人们都想跟我聊天。“跟我说说你的冒险”，“告诉我你见过的事情”。

---

① 拉巴斯（La Paz）：南美洲国家玻利维亚的行政首都。

自行车并不贵（更正一下：自行车不必买贵的），任何人都能参与骑行。你把帐篷绑到任意一辆旧自行车的后座上，明天就骑车出发，几个月之内你就能到达地球上任意一个大陆。你自然也不用把自己视为“自行车手”，车只是一个工具，是你冒险的推动者。就像查理走进奇妙的巧克力工厂，自行车就是一张通向冒险的黄金门票，它为任何一个人打开世界的大门。

正经的自行车手常常诧异于我对车的链齿数一无所知，还有我从没剃过腿毛，这些对我来说都不重要。已故的安妮·穆斯托是一名校长，她曾经骑行环球旅行数次，而她连轮胎都不会补。每到需要修车的时候，她就靠着女性魅力加上校长式的威严，说服当地人帮忙。办法不太合适，但却很有效。

骑行之旅可以是一趟刺激食欲的周末旅行，可以是花费数周从兰兹角骑到约翰欧格罗兹村，或者是一趟跨洲的史诗旅行。我一直觉得骑行让人陶醉，因为一个既会骑车也能读懂支帐篷的指引的人，就已经具备了所有必要的技能，可以从纽约骑到洛杉矶，从开罗骑到开普敦，或者从伦敦骑到新加坡。在你阅读这些文字的时候，很多非常平凡、非常卑微而懒散的人正在骑行数千英里，穿越地球上的每一片大陆，进行着永生不忘的冒险。你也能。我从没见过有谁后悔他们的骑行大冒险，但我经常遇见后悔自己在有机会时没有去冒险的人。

这本书以你能用1000英镑进行大冒险的声明为开头。我选择这个数字只是因为它是个好看的整数，也比一家人度假一周的花费要少。我知道，用这笔钱来支付一场伟大的冒险绰绰有余。

因为金钱常被认为是人们和冒险之间的

最大障碍，我想要在书的一开头就破除这样的观念。但那之后，我基本没再提及财务的细节问题，因为这本书的目的在于积聚大冒险所需的灵感和动力，而不在于细节。不过，我确实特别喜欢书里对尼克·康纳的采访。尼克是个菜鸟冒险者，也算不上什么自行车手。他从伦敦一路骑到东京是为了挑战自己，看看用1000英镑能骑多远。到他抵达日本时，他的钱还余下15英镑，而他的脑子里则充满了各种各样的故事。这是个完美的证明，证明了1000英镑的冒险可以有多棒！凯莉·奥尼尔也用1000英镑的预算完成了她的骑行之旅——只用了不到1000英镑完成了一次壮游。

你可以只身踏上骑行冒险之旅，可以和朋友共骑一辆双人自行车，也可以自己骑双人自行车路上捎捎人；你可以把骑行作为蜜月之旅，也可以举家出行，你也可以成双成对地骑出门，拖家带口地骑回家。所有这些事情，我们采访的冒险者们都干过。你不需要拥有强健体魄（虽然你不久就会拥有了）。你不需要家财万贯（真的，我相信你的骑行之旅越简单，它停留在记忆里的时间就越长）。你不需要多么坚忍，也不用有多聪明，不用技术有多好，也不用多理智。你不需要当多年的学徒才能对付一次大挑战。如果你想一天骑完200英里，很快你就会有这个能力。如果你想吃一顿漫长的午餐，就着罗马尼亚的家酿酒在树下打盹，这大概也能马上做到。

换句话说，你想怎么样，骑行之旅就能怎么样。

如果你对任何规模的冒险感兴趣，我强烈建议你考虑骑行。别为年龄、性别、残障、体魄或者不喜欢露营等等这些因素低估自己：接下来这些冒险者会把这个问题说得清清楚楚，明明白白。

来自其他冒险者的智慧箴言

爱丽丝·戈法特&安多尼·罗德尔戈

用七年时间骑行环游世界。

在骑行环游世界的路上，我们的孩子出生了。我们没有什么需要证明，没有目的地，没有既定的日程安排，没有必做事项，只有我们和我们的自行车。我们活在当下，随心所向。我们只是去痛痛快快地玩，享受当下是我们唯一要做的事情，毕竟我们自己也不知道15分钟后自己将会去向何方。也许我们会遇见什么人……也许不会……

那时，我们想要无限的时间，希望能没有限制地穿越一个国家，慢慢地理解它的全部。我们的自行车可以当作一个完美的借口，解释我们为何要留宿在那个偏远的小村庄里。

出发就好，你会有很多时间学习和适应，找出什么才是适合自己的。

尼克·康纳

从伦敦骑行到东京，只花了1000英镑。

我们是在出发前大概六星期才想出这个主意的。那时我在和朋友打电话，两个人都在抱怨说："太无聊了。我受够了。"我的朋友说："你看，我们说要干点什么都说了一年了。干脆就动身吧。我们定个日期。最早什么时候能递交辞呈然后出发？"

孩提时候总会梦想着做点疯狂的事，我一直想做点儿什么。但说和做白日梦总是更容易一些，是时候直接动手做了。

我想说说事情有多难，但说老实话，我真正要说的是事情有多容易，因为那就是现实。事实上，我预想的比实际要难得多。食物方面，特别是你往东走的话，是非常便宜的。我会睡在自己的帐篷里，这一路上都挺简单的。我从未有过一天的麻烦。

可以肯定地说，这是我一生中最美妙的六个月。困难的时候固然有，但你知道吗？那些时候也很棒，它们让美好时光更有价值。我遇见过一些很好的人，我的车在路上坏了很多次，但人们会帮我修好它，甚至还会帮忙给一点零件钱，所以光是遇见这些人就是一件美妙的事。如果再给我1000英镑，是的，我大概会再次踏上同样的旅程，它太精彩了。

事情并没有人们想得那么难，难的是真的动身，那才是最难的事。旅程本身只是动动脚踩踏板，这并没有你脑海里的疯狂想象那么吓人，去吧。

凯莉·奥尼尔

靠1000美元再现一次壮游。

我骑着自行车再现了一次壮游，只是因为想做就去做，只是因为这很有趣，因为那时是夏天，目的地又是欧洲。但同时这也证明了，不一定非得是年轻多金的男人才能去冒险。

我真的非常享受用充裕的时间琢磨自己想要什么，同时又不用承担要做什么特定事情、去什么特定地点的压力。

我们曾经有很多这样的时光，但现在人

们再也没法在生活里找到那样的时间了。无事可做感觉也挺好。虽然有些人会觉得这是虚度时光，但空闲时光其实成果斐然，对效率和生产力颇有好处。你忽然就有了余裕，可以思考多年来没有充足时间好好思考的事情。

我妈妈担心过我的安全，但在现实中，旅途上遇到的人都很热心助人，也很友好，对你在做的事充满好奇。

沙发旅行的体验也很棒。每一家的主人都比上一家更好，他们会给你办派对，会请假来带你四处游览，简直是惊人的棒。这真的重燃了我对人类天性的信心。我想我全程都没碰到一个负面事例。

萨图·万斯卡-威斯特加斯

休产假的时候进行骑行冒险。

在这个夏天之前，骑行还是别人干的事。然后我怀上了二胎，体型就要变得臃肿，走路像鸭子的一天也终会到来。我大部分时间都待在家里，一边梦想着冒险，一边

与烦躁作战。一切的开始只是个想法，一个玩笑，真的。我想过探索野性大西洋路①。那是爱尔兰一条新开的观光路线，我在想也许可以带上全家开一辆露营车去。我的朋友则建议我骑行。我傻笑着给老公发短信说这个“计划”——我要去骑行超过1250英里，把他和孩子留在家。我原本只是想开开玩笑大家乐一乐，他却认真了。

就是那样，我想自己最好也认真起来。于是我现在必须要以一个惊人的方式结束自己的产假，每天大约骑60英里，一周骑五天，就这样和朋友在爱尔兰骑行五周，而我的家人则在家通过视频全程追看我的旅程。

做一些从未想过要做的事绝对拓宽了我的视野，而加入“别人”的行列让我意识到，不管是为人母亲、年过三十，还是有一份全职工作，还是没有胆量在自己过去沿岸跑步的小河划艇，这些都不是定义我的因素。

定义我的因素并不一定一成不变。我可以变成自己选择的任何模样。今天做一个母亲，也许明天就是一名冒险者。

汤姆·艾伦

自由职业骑行者、制片人和作家。

我喜欢这样一个事实——你在早晨醒来，对一天结束时自己将会在哪里、会看见什么或者路上会遇见什么人一无所知。不管怎样，对我来说冒险就意味着这些。冒险就包含了不可预测性，充满了惊奇和意外，而这样的惊奇鲜少是坏的那种，通常都是惊喜。

我出发前花了一年时间计划第一趟旅程，实话说计划实在做得太过头了，不过它也让我成功动身。

“我喜欢这样一个事实——你在早晨醒来，对一天结束时自己将会在哪里一无所知。”

我根本没有训练。我甚至是到了出发那天的早晨才把自行车组装完。我没有时间，因为准备期的最后几周忙得发疯，我得准备好东西，搞定所有装备，到最后实际上根本没时间对装备做测试。有趣的是，训练对短途的旅行更有意义，因为你的时间受到更多限制，而能否完成旅行也更多取决于你上路时的身体条件。不管你是要旅行几个月还是几年，在旅途中的第一个月你的体魄就会达到有史以来的最佳状态，不管出发时你的身体状况如何。我想到我真的游遍欧洲的时候，不管接下来出现什么状况，我都会有足够的经验应对。

我迫切需要有人告诉我，灵活性才是做好计划最重要的一环。你得有这样一个态度：在真正的冒险里总会有未知，而未知就包含了挑战，挑战则意味着你会学到新的东西。所以你必须得有灵活性。我当时绝对不该过分规划将要做的事情。当我要改变计划的时候，我得花很多时间和精力把计划重构。我要拼命给赞助人道歉，也得面对博客粉丝的谴责，毕竟我是要告诉他们说：“我不做这个了。我不想继续骑行环游世界。我要去骑行一条对自己更有意义的路线。”所以还是计划定得宽松一点，少一些义务会更好一些。

这就是为什么我建议大家不要去争取什么全程赞助。如果你有一个外在的动因，这

① 野性大西洋路（Wild Atlantic Way）：位于爱尔兰共和国西侧海岸的行车路线，全长约2600公里。

个动因是你冒险的理由，那也行，你就去争取赞助吧。不管怎样，你都会有各种牵挂，多一点也没那么要紧。但除此之外，要尽可能保证计划简单。

伊姆兰·莫卧尔

首位骑行环游世界的英籍巴基斯坦人。

我一直有旅行的欲望，但又不知道自己可以做什么；我不知道自己该去哪里。好几年前，我开始骑行。但后来我遇见了一个荷兰人，他当时正骑着满载行李的自行车环游欧洲，那一刻，我的心里咯噔一下，想："就是这样。这就是我想做的事。"

我当时惊讶地看着他，因为他带着自己的背包、帐篷还有其他所有的行李。我注视着这一切，想："老天，我得做这个。我必须得做这个。"所以真的，我想那天就有点像一个转折点。

每当我告诉别人自己做了什么，他们都觉得我是个超人。但我说："听着，我不是超人。你的条件跟我是一样的。"

旅程中最精彩的地方无疑是伊朗。任何到过伊朗的人总会说那是个多么令人难以置信的地方。作为一个逊尼派穆斯林，我只听到过对什叶派穆斯林的负面说法。所以我当时疑虑重重。人们害怕世界，因为他们总有这样那样的恐惧。在我看来，伊朗是世界上最安全的国家，有最好客的人民。世界基本上是好的，这就是我在旅途中的所得。我的意思是，世上显然也有很糟糕的坏事在发生，但那种事我一只手就数得过来。而那种近乎疯狂的好客、友爱、慷慨和善良却几乎让人招架不住。

在旅行开始的一年多前，我被裁员了。之前我在一个呼叫中心工作，那是服务于NHS的一个子公司。之后我没法找到工作。我父亲重病已经很长时间，他就在那期间过世了。实际上，我的整个旅行准备都是在这样的混乱中进行的。

从文化角度说，冒险不是我们（英籍巴基斯坦人）的做法。问我任何一个朋友，他们都会说你应该结婚，安定下来。而且因为

我的种族，我做的事情是闻所未闻的。我想自己大概是首位骑行环游世界的英籍巴基斯坦人吧。

我在旅程之后，见过很多跟我有同样文化背景的人在想“我也要做跟你一样的事”，他们向我咨询进行更小规模冒险的建议。我那时失了业，所得的裁员补偿也是最低水平的。我只知道自己想要踏上旅程。在那时，我不知道的是自己能不能环游世界，尽管那是一个梦想。

我想生活的单纯是我会终生铭记的最重要的事情之一。

马克·博蒙特

打破世界纪录的环球骑行车手。

环球骑行的旅程留给我最重要的记忆是兴奋。向着未知进发令人兴奋。我至今仍把那一趟旅行视作自己所有冒险中的第一位，因为那是我第一次探索世界，天真而单纯。而自行车特别棒的一点，我会反反复复提的一点，就是你骑上它以后会看到无数的风景，体验着所有的一切。

之后的每一趟旅程，我都收获了更多的经验。经验能带来很多好东西，但它会让兴奋逐渐流失，而我也不复第一次骑行环游世界时的天真和单纯。当时我从未骑行离开过欧洲，所以在我前进的每一英里，在我远离家乡的每一英里，一切都是如此美妙。

几天前我找到了旅行前一年的计划日志。我回顾当时自己的精神状态，发现里面写的也不完全符合我的回忆。你知道，实际没有我记忆里那么美妙，也没有充满玫瑰色的浪漫化想象。那是痛苦到极点的工作，非常让人沮丧，好多次我都要放弃计划了。但我现在回忆起的旅程却不是那个样子的。

起初当我筹备环球骑行的时候，我只是想打破一个纪录，来一次超大型的冒险。我想大部分人都不会在某一天突然起床以后就骑车出去环游世界。但有伟大想法的人有那么那么多。大部分人都倒在了起跑线之前的路上。

（你应该）从小处入手，因为大多数的疑问，那些怀疑和推测会随之消散。你不需要成为一个厉害的专家，也不需要突然之间对这种事了如指掌。我在骑行方面也不是什么专家。我只知道自己知道的事，不知道的就摸着石头过河。我在攒车的时候特别费劲，真的。我只求它不会散架。人们以为只要你打破了世界纪录或者进行过什么伟大旅程，你就是某种冒险方面的绝地大师①，事实远非如此。

今天有人给我发了封邮件说："我计划进行一趟史诗般的骑行穿越欧洲之旅，只是不知道要在哪里露营，该怎么做。"而我就想："说真的？欧洲？"这是我坐船穿越海峡的时候会想的事。大概在我第一天骑行穿过法国北部的时候，我想："今晚要睡在哪儿呢？"你要知道，如果你操心这种事，你永远做不了任何事，你永远都走不出自己的家门。

凯伦·达克

瘫痪的自行车手和冒险家。

我穿越中亚的骑行之旅已经是很久以前的事了，当时那里根本没有游客。当地人很欢迎我们，慷慨地和我们分享食物、水和他们的家。因为我们不说同一种语言，我不知道他们对我的轮椅有什么看法。我只记得他们敞开怀抱欢迎我们，展现出难以置信的温暖和善意。孩子们喜欢坐到双人自行车的后座上跟我们溜一圈！

归根结底，那些人们——他们的人格，他们的慷慨，他们的精神和笑容——牢牢刻印在我的记忆里，伴随着我，也给了我最大的影响。我想我更喜欢这样的旅行。比起去彻头彻尾的荒野，这样的旅程能让你遇见各色人等，了解更多关于一个地方的事，了解它的历史、文化还有特色。纯粹的自然和荒野带来不一样的收获，那更难定义，更难评价，但同样充满冲击力。

泰甘·菲利普斯

一个从英国骑行到西班牙的漫画家，彼时年方二十一。

当时我有时间和手段去任何我想去的地方，想去多久去多久。那种绝对的自由感无可比拟。我想这是人们对冒险上瘾的其中一个主要原因。

冒险中有的时候是很难保持良好的幽默态度的。比如说，你热得快死了，全身哪里都疼，骑的还是上坡路，而你心里真的真的比较想骑下坡。我不想说得太戏剧化，但冒险彻底改变了我看待世界的方式。我开始将骑行和跑步看作是到各处走动的手段，而不只是出门练美腿的运动。

"我开始将骑行和跑步看作到各处走动的手段，而不只是出门练美腿的运动。"

要是我早知道冒险有多容易就好了，这样我就能避免陷入"准备恐慌"了。人们在各种旅行之前经常面对这样的恐慌，总觉得自己要是不准备这个工具或者那个帐篷、车座、衣服，冒险就会变成一场灾难，而自己大概会死翘翘。但我发现，不管你要做什么，有很大可能性别人已经做过了同样的事，用的装备比你少得多，而且也活着回来了。

另外，我希望自己能早些知道走小路所

① 绝地大师（Jedi Master）：星球大战电影系列里使用原力的强大武士。

看到的景观是那么不一样，所面对的交通状况还有其他问题也大有区别，真的。

还有，我要是早知道地图上的黑块意味着上坡就好了。那可是非常陡的坡。这是非常痛苦的一课。

乔夫·萨默菲尔德

两次骑着一辆大小轮自行车环游世界。

我想大概要花至少一年时间，我才能去到南美洲的南端。这段时间有如此多的事情要思考，多到光想想稍远的未来就让人透不过气。有如此多的政治和环境状况，可以让穿越这些国家变得更难或更容易，这使得做出艰难决定和快速决策成了不可能的事。

在进行长途旅行以前，我确实常常在想人们会怎么待我。光看新闻的话，你永远都没法离开自己的家门，因为新闻中似乎总是坏消息。虽然我对人性抱有很大的信任，但人是很难不受周围媒体影响的。

第一次出发的时候，我在想那些骑行旅游书上说的到底是不是真的，人们真的有那么友善吗？世上的人，不管他们何种肤色、种族，不管他们何种信条、宗教与信仰，都是很好很好的人。作为一个骑车旅行的人，人们会觉得你容易受到伤害，于是总愿意友善地对待你，帮助你。

我非常敢肯定一点，自行车确实会让你马上变成一个清白无辜的人。世上到处都有人骑自行车，不论贫富——这是我们之间共有的联系。当人们看到你风尘仆仆地到来，脸上带着自行车手特有的笑容，他们也会忍不住报以微笑。有一回在中国，我肚子有点饿，于是在一个小村庄停车找点吃的。路边有一个很简陋的餐厅。我推着自行车进去，好在吃饭时候可以看着。餐厅的主人被突然出现的我惊呆了，尤其我当时还是推着一辆大小轮自行车、戴着一顶殖民地时期的遮阳帽进去的。但感谢他们，他们还是给我做了碗汤面，还用果酱瓶子打了热水给我喝。但之后我起身要走，于是做了那个世界通用的“多少钱”手势，他们却迷惑不解。然后我才开始意识到这里根本不是一个餐厅，这其实是他们家！就在我毫不客气地推着自行车闯进他们的家以后，这些好心人给我做了饭，还给我水喝。我很肯定是自行车让我看起来清白无辜，让他们也乐于助人起来。（作者的话：我曾经犯过同样的错误，还犯了两次！一次在巴基斯坦，一次在哥斯达黎加，两次的结果都和乔夫是一样的。）

多姆·吉尔

一个人骑着一辆双人自行车游美洲，路上会捎路人一段。

我的旅程的主题是包容。使用双人自行车不仅能让我自己去冒险，也能让我和不同的人一起探索新地方，还能邀请他人和我一起去冒险，也许还能拓宽他们生活体验的界限。

刚开始的时候，我就像所有的热血冒险家一样，觉得要向世界证明自己有多厉害，证明自己能不凭借任何人的帮助从A点旅行到B点。但我也有另外感兴趣的事，就是把第一趟旅程作为跳板，踏进纪录片摄制的领域。

很快，也就两到三周的时间，我就意识到旅程中的体能因素虽然很吸引我，但比起能从周围的人身上学到东西，比起见识到他们能教给我什么，体能因素的吸引力就黯淡

无光了。

我很幸运，能够在自己的收入还可以，不用去麦当劳打工前就决定踏上旅程。所以，感觉就是我没什么可以失去的。这让所有事容易得多。我能给人们的最大的建议，就是要实实在在地努力，不去做太多计划。

在那一趟旅程之后，我发现很多人来问我他们需要什么样的装备，或者最好走哪条路线。而我旅程的体验之所以更有意义，则是因为我依靠当地人指引，去他们想去的地方。如果你有机会遇见一个会制作蜂蜜并且愿意教你做的老太太时，一定要毫不吝啬地在你的日程和冒险里留出时间。

肖恩·康威

曾骑行环游世界。

没什么比一个人人讨厌、连自己都讨厌的工作更能摧折人的灵魂。当时我决定放弃，我用1英镑的价格出售了自己的生意（我把那一英镑镶在镜框里了，现在还在呢）。我一个而立之年的人，没有钱，没有激情，没有做任何事的欲望。我只是想，也许自己应该去旅行，但我又没有钱可以旅行。我能做什么让别人给我钱去旅行呢？当时真的很凄凉，也很抑郁。然后我想，好吧，也许我可以尝试一点蠢事，一点疯狂透顶的事，一点完全超出我能力范围的事，那样就可以重拾信心，也能有机会去旅行。那之前我还从未旅行过。就是那时候，我考虑环球骑行，因为我总会追随像马克·博蒙特①那样的人，想当年甚至还有像汤米·古德温②那样的人，他们都曾踏上过那些不可思议的骑行之旅。但因为缺乏信心，我总是在想：“噢，那都是有钱人做的事，那都是超人做的事。”那种想法完全是错误的。

我把项目分解成简单易行的小步骤之后，发现事情其实是可以做到的。我去找赞助，努力训练，然后去挑选自行车。一年之后，我终于站到了起跑线上，开始骑行环游世界。我为这场竞赛付出了许多，女朋友抛弃了我，我搬回去和我妈妈住，还发生了各种各样的事。但我不介意，因为这是我真正有动力做的事，也是一份激情。多年以来第一次，我有了争取点力所能及之事的激情。我在落基山脉遇见一位女士。她得有七十多岁了，在过去20年曾经骑行了110000英里环游世界。她的自行车踏板上的塑料部件都掉光了，只剩下光秃秃的金属杆。她穿着雨靴，穿着塑料袋当雨衣，每天只骑个20英里——但那只是因为她是70岁的人了，而且也不太在乎挑战长里程这种事。

詹姆斯·科切尔

骑行环游世界。

不管多有钱，你都不能买回过去的时间，所以我对时间的珍惜程度有了极大的改变。当你到世界各处旅行，遇见来自不同文化背景的人，有些人富有，有些非常贫困，这些都能让你珍惜生命中真正拥有的东西，感恩我们大部分人的生活有多么幸运。我从冒险中最重要的一点收获，就是只要有正确

① 马克·博蒙特（Mark Beaumont）：英国冒险家，曾在194天内骑行18,297英里环游世界，打破了吉尼斯世界纪录。

② 汤米·古德温（Tommy Goodwin）：英国自行车手，曾创下一年内骑行最长距离的世界纪录，且是最短时间完成160,000公里骑行的世界纪录保持者。

的心态，任何事都是有可能的，而且在你准备好付出努力后往往有意想不到的收获。这是相当美妙的一件事。

当你做出决定之后，周围的人会开始对你说这也许不是个好主意。这也是很常见的。他们常常是你最亲近的朋友和家人，但这只是自然反应，因为他们想要保护你。我发现行动往往比言辞更有说服力。当我不懈地争取赞助和为自己的项目做宣传时，那些对我的行动最焦虑的人成了我最有力的支持者。不要因为别人说你应该或不应该做什么就迟疑退缩。这就是为什么第一步总是最艰难的部分。说实话，实现自己的梦想是没有捷径可走的。你需要付出辛勤的劳动，需要有坚定的决心。然而，只要对某事、某物有足够的渴望，实现梦想的力量也存在于每个人心中。

开始冒险之前，我不太喜欢事情没按照自己的期望发展，也不喜欢努力的结果不符合自己的愿望或者安排。冒险和探险会教会你，有时候事情不总会按照你的期望发展，这没什么。这是生活里一个简单的事实罢了。骑行环游世界的时候，我经常发现自己因为无力掌控，调整了路线和行程。

海伦·洛伊德

骑行纵向穿越非洲。

我热爱旅行的原因，是我喜欢看看新的地方，遇见新的人，从别的文化中学习，尝试去理解我们如何在这个世界上共同生活。我选择骑行是因为觉得这是旅行的理想方式。通过骑行，我希望自己能多花点时间，在导游书上的必看景点之间，和你、和我这样的人相遇。简单说吧，我觉得自己当时想看看平凡的生活什么样，只是“平凡”并不存在。

很多人说过自己有一个梦想，但害怕去实现它。在生活中做出改变并不容易，一头跃进未知也许很艰难，但最让我害怕的事，是一生都活在后悔当中，悔恨曾经的自己没能鼓起勇气做梦想的事。当然，在一些旅程里我也有担心的事。焦虑和恐惧是有用的，不应被轻易忽略。我努力把这些感受转变成积极的动力，做好调查和计划，准备好装备，估量好风险并降低它们。风险是真实存在的，而恐惧是必要的，如果你能降低风险，恐惧自然也会退去。

旅行最美好的一点是我路上遇见的那些了不起的人们——不都是这样的吗？……

瑞恩·曼瑟

沿着非洲的边界线骑行。

如果你骑着自行车来到非洲，却没有做好碰上政治问题的心理准备，那你就是活在梦里。你要明白的第一件事，就是政治问题必然会产生，你不该为此惊诧。第二件事则是在一个涉及国境问题、尴尬而艰难的政治困局里，没有什么比保持微笑更有用。所以你保持微笑就是了。装作对这些事一无所知，保持微笑。如果你为这种小事心情低落，那你路上的每一天都会心情低落。

如果你现在看看我当初开始骑行的样子，看见那个抹了发胶、带了一堆不必要的衣服和装备的我，再看看现在的我，你能在我的脸上看出来，这个两年后完成了旅程的人，是一个完全不一样的人。

说到和做到完全是两回事。很多人手拿啤酒围在火堆边的时候会高谈阔论一些他们将要做的事，然后他们永远都没法做到这些事。把日期定下来，告诉你身边所有的人。

订好你的机票，定好你要出发的日子，然后就出发吧。

谢琳·泰勒

年方二十，目前正在骑行环游世界。

我目前正在骑行环游世界。这趟旅程我计划还会持续三四年。之前我曾经骑行周游过我的祖国——美国，也曾作为一个独行的女性探索过印度和尼泊尔。在这三个国家里，我都体验过令人难以想象的好客和善意。我曾在贫民窟、大城市和小村庄的家庭中住好几星期。我喜欢留宿在那些偏远的乡村里，我和女人们一起煮食，和孩子们一起奔跑着穿过田野，体验和我的家乡如此不同的日常生活。在开始现在这一次冒险之前，我是个保姆，是个每小时赚取10美元的单纯女孩。我决定在结束学业前要多看看这个世界。在听了别人的故事后，我发现骑行会是实现这个目标的最好方法。现在，我简直不能更快乐了。冒险变成了一种生活方式，一种充满满足感和教育性的生活方式。

“我决定在结束学业前想多看看世界。在听了别人的故事后，我发现骑行会是实现这个目标的最好方法。现在，我简直不能更快乐了。冒险变成了一种生活方式，一种充满满足感和教育性的生活方式。”

我现在每天靠5美元过活，每年的花销仅仅是2000美元（虽然加上机票和护照的价钱，总花费会再多一些）。我想，只要生活简单一些，15000美元就足够在路上过好几年。

虽然我父母有点担心我没有走上“大学—工作—退休”这样的常规道路，他们现在也看见了，我过上自己梦想的生活以后，有多快乐和满足。

我能给的最好的建议是别过分计划。事先对要去的地方做点调查可以，但不管那个地方在哪里，去就是了。挑一个国家，随便找都可以，或者就在自己的国家冒险。给你自己自由，别担心，一切都会好的。

安娜·休斯

曾沿英国海岸线骑行一周。

你可以骑着自行车去任何地方，而骑行本身是免费的。我曾沿着英国本岛海岸线骑了一周。那是一趟为期十周，总长4000英里的旅程，总共花了我1017英镑——差不多就是每英里花25便士，或者是每周花100英镑——这比我在伦敦的租金还便宜。我完全可以在出门前把房间租出去，这样就能把旅行的成本收回了！

我是冒险的忠实拥护者，我热衷于在家附近的探险，在家门口做点非凡的事情，还有离家远一点的冒险。我最喜欢冒险的一点，就在于探索祖国的时候每天都能有新发现，甚至是在非常熟悉的地方都能如此。

帕特里克·马丁·施罗德

骑行穿越超过100个国家。

我开始旅行的时候才19岁，不知道自己在做什么，也没什么钱，有的只是一个背包和一个目标：环游世界。那时我并不知道今时今日这样的事情有多简单。

90 MILE STRAIGHT
AUSTRALIA'S LONGEST STRAIGHT ROAD
145.6 km

那时，我尝试想出一个负担得起的骑行之旅来挑战自己。于是，我向着非洲进发，因为还没去过那里。我骑着一辆100欧元买来的自行车，一直骑到以色列，直到那辆车彻底散架。之后我在以色列用400欧元攒了另一辆车，完成剩下的到开普敦的旅程。如果你看过我在路上看到的一切，你是不可能成为一个悲观主义者的，也不可能不信任他人，不可能做一个种族主义者。当地人总是很好。我在苏丹询问别人知不知道哪里有卖食物的，当地人只是让我坐下，他们会给我带饭过来。我记得在秘鲁坐下来，和一个擦鞋匠男孩下象棋，还有在马拉维，当我骑上一个陡坡时，当地的小学生一直给我喝彩鼓劲。我遇见了如此之多善良好客的人。

旅行让我变得更加睿智，哪怕我从未上过大学。它使我成为一个更快乐的人，使我放开心胸，更乐意帮助他人，而不是只活在一个肥皂泡里。至少你应该试着旅行一趟。

我希望自己能更早明白一点，就是探险者和旅行者们所做的超人之举，其实大部分是任何人都做得到的事。如果你能骑自行车，没什么能阻止你从欧洲骑行到中国。

济塔·萨鲁格&阿尔帕德·哈坎伊

他们的蜜月旅行是骑行环游世界。

我们一直想去旅行，去看看世界。丈夫向我求婚时，我就说：“是时候出发了。”他说：“我们骑车去吧。”我说：“我们就拿这当蜜月旅行好了。”然后我们一起说：“我们一起去环游世界吧。”这是真事，就是这么简单。婚礼过去一周后，我们从匈牙利出发，用了三年零九个月时间，骑行超过21000英里，穿越了38个国家。但这些只是数字罢了！

我们有突破自己极限的辉煌时刻，比如在塔吉克斯坦骑上帕米尔公路，我们在初冬穿越了海拔15500英尺的阿克巴吉塔尔山口①！跟当地人之间的交流也非常美妙，哪怕不说同一种语言，他们也和我们分享了很多东西。

我的丈夫有过骑行旅行的经验，而我很少运动，但这仍然没有阻止我踏上这趟疯狂的旅程。我不至于彻底地不在状态，但也远称不上体魄强健。我不得不学会这条黄金法则：这靠的是你的大脑，你的心脏，而不是你的肌肉。我学会了一点，如果真心想做一件事情，我就会去做。这是我要传达的信息。我想告诉那些觉得骑车去某个地方太远的人，没有什么地方是太远的。

我们辞了工作，办了婚礼，跟匈牙利的家人、朋友挥别。一切都是值得的，而且是千倍以上的值得，相信我——这是我们做过的最棒的事，是我们上过最好的学校，我们实现过的最美丽的梦想。出发就是了！这听起来如此简单，但第一步是最难的。

克里斯·施泽尔巴

和女友一起骑行到冈比亚。

当你骑行穿越一个国家时，它感觉上变得更大了。一趟10小时的火车能走完的距离变成了为期两周的冒险。尽管更费功夫，我宁愿把自己的力气花在攀登一个山口上，而不是花在空洞的言辞上，或是日复一日的唉声叹气中。

犹豫不决使人裹足不前，所以下定决心出发吧。别在出发前就把冒险的剧本写好。故事自会发展。旅行不是一本教科书，它是

---

① 阿克巴吉塔尔（Akbajtal）山口：位于塔吉克斯坦。

一系列没有结局的短故事。

也别为装备纠结，骑行不完全依赖于你的收入。搞辆耐用的自行车，装个结实的行李架，置备像样的挂包，把它们装满就出发。你会在路上变得强壮。慢慢开始，逐步适应，里程会慢慢积累起来。这趟旅行花了我们人生中四个月的时间，使我们眼界开阔，得享无数夕阳和沙滩，体验了艰难的上坡和漫长的下坡。它温暖人心，也令人心碎；令人兴奋，也平凡而世俗。它点燃激情，也激发想象。它让我们的银行账户减少了不到1000英镑，回报给我们的是生活的质量——一种超越一切金钱的价值。

苏珊·威尔福德&亚当·琼斯

两名骑行环游冰岛的学生。

我们进行这趟旅行是因为我们一直想看看冰岛，但没有钱去。就这么想了五年之后，我们终于意识到，自己可以带上自行车来省掉路费，还有带上帐篷，因为当地允许露营，而那些惊人的美景通通免费！我们是大学生，在第三学年和第四学年中间有一个月的假期——这是个完美的冒险时间。自那一次旅行以来，我们意识到自己只要做好计划就能做任何事，昂贵的旅行也可以有办法变得低廉，你有能力每天骑上75英里，哪怕过去三年都过着懒散的大学生活（特别是靠着消化饼过日子的时候）。现在如果我们想去旅行，我们不会问自己“能做到吗”，我们会问“怎么做到”！

雷伊斯·拉希德

骑行穿越安第斯山脉。

我们的挂包不够大。于是我们去了一个秘鲁的市场，买了一些特百惠的盒子和电缆扎带来做一些挂包，以应付安第斯山脉的行程。我们一边做一边笑得快疯了。最后，我们在挂包里装满了蔬菜，拿着一张画在废纸上的手绘地图，骑着车上路。

汤姆·洛伊德-史密斯

从肯特郡骑行到喀拉拉邦①。

那时我住在东伦敦，为一家中等规模的半官方机构工作。我离职了一段时间，骑车从肯特郡旅行到印度的喀拉拉邦，一心想沿路拜访世界上一些经典的攀岩点。

我从努力工作中获得了极大的快乐，也很喜欢自己的工作。虽然我并没有改变生活路线的愿望，也对当时的职业生涯进展很满意，我也意识到，随着自己进入下一阶段的人生，冒险很可能会变得越来越困难。我能看见自己在职业阶梯上越攀越高，承担一份大额房贷，结婚，有小孩，还有诸如此类的事情。随着这些事情来临，完成一次超过几星期的旅行会变得越来越不现实。这很可能会是我在旅行方面的最后一搏（至少在几年之内），而我希望倾已所能让旅程充满雄心抱负。开始计划旅行的时候我还单身，但临出发前，我遇见了后来成了我妻子的女性。

张罗长途骑行所需的资源，和工作中高效地管理工作量以及优先度有惊人的相似之处。简单来说，长途骑行的难度可以通过有效的资源管理有所降低，道理跟高压工作中将已有资源分配到关键点上是一样的。举例来说，骑行的时候多带十几个备胎说不上是个灾难，从很多方面来讲这样做有一定

---

① 喀拉拉邦（Kerala）：印度西南部的一个邦。

少摔下车一回，马克不知道怎么修车，而我则有整整三年都带着一本《如何修理自行车》上路，直到觉得自己有足够本事不再依赖它。

很多我采访过的人为自由的感觉欣喜若狂，沉醉于不可预知的前路，沉醉于那种对自己的选择和进步完全负责的状态。我的第一次大冒险是骑行喀喇昆仑公路，从巴基斯坦进入中国。那一趟旅程教会了我，踏上一趟大冒险有多么容易。到冒险要结束的时候，我已经开始梦想着去完成更大的冒险，去畅游全世界。很多长途自行车手现在已经是我的朋友了，所以我敢说，大家在日常生活中真的只是非常普通、近乎无能的人。我们只是决定了要出门去追逐地平线罢了。我在听雷伊斯讲述他买特百惠的盒子当自行车挂包用时狂笑不已，我也知道他会对着自己装起来的滑稽车子吃吃发笑，知道他发现自己的计划居然行得通时会是何等的得意扬扬。

我第一次梦想着冒险时还很年轻，对什么都急不可待，迫切希望着到沙漠去，到大山里去，到世界各地混乱吵闹的城市中去，但很多人其实是到了年纪大一点的时候，到了生活变得更复杂了以后，才开始感受到冒险的诱惑。戴夫和黛比就是很好的例子，证明了对于冒险，你永远不必嫌太迟，也永远不必嫌太老。骑行纵向穿越非洲大陆彻底改变了他们生活的方向，带来了更充实的职业生涯。他们明白自己可以在路上学习。“在准备好之前就出发”对大多数骑行冒险来说，这都是至理名言。从我个人经验来说，这自然是真的。时不时地，当我骑行穿越沙漠的时候，或者当我义愤填膺地斥责一个想敲我竹杠的官员时，我会为自己感到惊讶，心想：“我真不敢相信你能做到这个！”我不是那种能从容应付世间难题的人。但你会在路上学习，你也会明白这真的没有那么难。

现在回想起来，我真庆幸自己在做好准备之前就启程了。我当时的情况跟汤姆完全一样，什么训练都没做，直到出发那天早上才刚把自行车装好。我真希望当时就有听过爱丽丝和安东尼的教诲：“出发就对了，你有很多时间去学习。”出发前的几周我紧张得要命，要是有那个勇气，我说不定会干脆放弃整个行程。

我既无运动才能，也没有钱骑行穿越大洲。尼克也没有。他体格一般，热爱啤酒，名下只有1000英镑。然而当他回顾过去，却发现实际的旅程比自己想象的要容易得多。我也有同样的感受，我决定尝试环球骑行的一个原因是不认为自己真的能做得到，这就是冒险的一部分魅力所在。比起做一些知道自己能完成的事，这样的挑战更让我兴奋。但出乎意料的是，我最终骑了46000英里，直到回到家门口。

我之前也不觉得自己有足够的钱去环游世界一周。但我决定出发了再说，晚些再来理顺这些细节。很快我就发现，在野外露营，只要能找到最便宜的食物，实际上是有足够的钱完成旅程再回到家的。安娜计算出她的旅程花费比房租还便宜。现在回想起来，我环球骑行的记忆绝对符合布兰登的说法：“我不记得自己拖欠过一点账单，或者有其他类似的问题。”

尼克的旅程提醒了我，让我意识到计划的进化和改变是可以接受的。尼克和朋友一起出发，他们享受一起骑行。但在某一时刻，他的朋友觉得自己骑够了，掉头回家。他朋友的行为是一个很好的提醒，提醒我们要记得，关于冒险的决定并不是不可逆转的。如果你觉得自己想要来一次冒险，但又害怕冒险实际上不是自己的菜，那也还是可以给自己一次机会去试试的。如果你讨厌它，你总是可以回家的嘛。这不是世界末日。而且尝试过后才意识到这一点，总比根本没开始，然后下半生心里都充满遗憾和猜测要好。冒险路上波折重重，前路时刻都在

改变。不仅如此，这还是冒险最美妙的地方。有了要去哪儿的想法，但不需要真正担心或介意自己要怎么去到那里，这是一种美好的生活方式。

在骑行之前，尼克是个普通人，有一份普通的工作。现在，经历了骑行之后，尼克还是一个普通人，有一份普通的工作。换句话说，冒险和真实生活是可以相容的。你不必把冒险计划看作一个二选一，一边是有朋友、有亲人、有薪水和退休金的正常生活，而另一边是当一个瞪圆了眼睛脱离生活去追逐地平线的疯子。你完全有可能去冒险，同时不毁掉那些生活中对你来说重要或者不可逃避的事。

在我多年的骑行生涯里，其中一个从未成真的强烈恐惧，就是来自其他人的威胁。我担心过骑行穿越中东地区，结果遇见的只有礼貌和善意。我曾经为苏丹之行感到害怕，害怕数十年的教派内战在当地残留的余波。然而，我爱上了在当地遇见的人们。我为去津巴布韦心惊胆战，却爱上了那一趟骑行。我为哥伦比亚之行忧心忡忡，直到我快活地穿越那一片乐土。乔夫提到过，“如果你光看新闻，你一辈子都离不开家”。凯莉发现，“每个人都非常乐于助人，非常友好”。一次又一次，我的被访者讲述他们遇见的善意，讲述他们在伊朗这样的国家，受到好客的本地人的招待，讲述他们在广阔的世界里感到何等的安全与受欢迎。

回顾过去，骑行环游世界的那些年是我人生中最美好也最受教益的几年。虽然不总是轻松的时刻，但我同意尼克的看法：“有艰难的时候，但那些艰难的时刻也非常美妙。”

最后，也许迫使我鼓起勇气打破常规的最大动力也跟安迪一样，“我不希望自己的墓志铭写的是：‘安迪·马德雷长眠于此，他自然是知道怎么打开一台电脑的。’”

徒步
FOOT

简单与缓慢是所有最佳冒险的核心组成部分，而徒步就是基于这两种特质的王者。徒步不需要专业素质和能力，只要你喜欢；它也不需要训练、准备和计划。如果你决定要徒步环游世界，可以马上打包行李，十分钟后就上路，就这么简单。徒步旅行需要的装备极少，但有能力的话买点轻型装备还是值得的。你可以只带上飞机允许随身携带的行李，然后坐飞机到徒步旅程的起点。

在世界上很多地方，旅途中的你会因为显得富有而非常扎眼。毕竟你已经有钱到有时间去冒险，也有钱买时髦的装备、机票和办理护照。而长途的徒步冒险让你有更多机会不被人这么看待。这样你能更自然、更平等地与路上相遇的人交流。人们会觉得你是疯子——那是肯定的——但他们至少不会垂涎你昂贵的自行车。你会与各种各样的人分享道路，有人走路上学，有人是去上班，有人下田工作，有人徒步朝圣，还有人走路是因为太穷了坐不起公交。

但另一方面，徒步也会非常单调——到达地平线需要花超乎想象的时间。当你又饿又渴，“再走几里路”就能到下一个城镇的感觉会没完没了。水泡、沉重的背包和烈日能把一次徒步变成极度的煎熬。我不觉得自己曾进行过比徒步旅行更痛苦的旅行。而且那种痛苦不止在长途旅行中存在。我曾经和朋友徒步绕着伦敦走了一圈，为期一周。我的朋友曾经进行过3000英里的徒步旅行。罗伯至今还告诉我，那次冒险的痛苦超过了他从蒙古走到香港的徒步之旅！

我曾经徒步600英里，穿越印度南部。比起整个广阔的印度，那只是一次很小的旅行。我看到的只是这个国家的一小部分。但那仍是我最丰富多彩的旅行体验之一。我能把一切看得清清楚楚。我想徒步，是因为徒步缓慢且简单，同时也很困难。我决定从东岸的泰米尔纳德邦[①]出发去西岸的喀拉拉邦。我做了最少量的计划，少到仅能让我还有勇气投入旅程。然后我就出发了。整个旅程最艰难、最伤脑筋的部分是飞机半夜在印度着陆，我要到达公交站，在混乱的人群中找到正确的班车，然后坐上这趟狂飙的班车抵达海岸——我徒步的起点。

我讨厌开始的24个小时。我一向如此。在站稳脚跟之前，独处拥挤的异国让我觉得孤独、害怕而又难以招架。我一如既往地希望自己留在家算了，直到终于能投入旅程，开始沿着道路进发，我才能放松下来，而愉悦、兴奋和好奇再一次从我心底涌出。我沿着一条穿越印度南部的圣河前进，背着一个小小的背包，在街边小摊买吃的，晚上打开蚊帐睡在星空下，睡在便宜的货车旅店，或者睡在那些好心让我留宿的人家里。这是一段繁忙、吵闹又拥挤的旅程，而我正因为这些原因格外享受它。

“在你能用来冒险的时间里，徒步能看到的地方是最少的，但那些你能看到的地方，你会真正地了解它们。”

确实，这趟旅程跟一年前我徒步和划橡皮筏穿越冰岛的那次旅程有很大区别。我选择冰岛是因为她的空旷和美丽。我和一个朋友同行，所以没有那些旅行前的担忧，也能和别人分享自己的忧虑。实际上，我们没有忧虑的时间：抵达冰岛那一晚，我们狼吞虎咽地吃着烤鲸鱼肉，喝着小杯的伏特加，跳着舞直到仲夏夜过去，所以第二天我们都宿醉得没法出发。但24小时后，我们就上路了。我们身上背着够吃一个月的食物，加上相机、冰爪和橡皮筏装备。重达88磅的背包带来日复一日的煎熬。我们尽可能走快一点：走得越慢旅程就会越长，我们的口粮就会愈发单薄。我对旅程的主要记忆就是痛苦、饥饿、孤独，却伴随着惊人的美景和很多欢声笑语。那是一趟美妙的旅程。

你可以通过跑步加快你徒步的速度。人人都能跑步，杰米-麦克唐纳德在出发去跑数千英里穿越加拿大时还是个跑步新手。我从

① 泰米尔纳德邦（Tamil Nadu）：位于印度东南部。

没进行过跑步冒险，但我跑过马拉松和超级马拉松，包括全长156英里的撒哈拉沙漠马拉松赛①。那段记忆烙印在我的脑海里，也许是因为痛苦，也许是身体强健和长途穿行给我带来的愉悦和满足。

比起步行，跑步能让你更快地通过更长的距离，所以你能有机会完成更长的旅程。但你也面临更大痛苦的风险，需要进一步减轻你的装备负担。每一克重量都会有重大影响，你受伤的风险会增加，人们会加倍地认为你是疯子。但如果你打算在旅程中为慈善机构募款的话，这会让你有更大的优势。像杰米，他就是穿着一身超级英雄服跑步的。

包括环球跑步旅行的老年英雄罗茜·斯威尔-波普在内，这本书里的长途跑手在行进中都会使用类似拖车这样的工具。那样能改善他们跑步的效率，但降低了旅程的简约程度。卡尔·布什比在他多年的徒步旅行中使用拖车，他的徒步旅程是目前人类历史上最长的徒步旅程。而莱昂·麦卡隆和我把拖车的点子推向了愚蠢的极致。我们出发前往鲁卜哈里沙漠②，带着史上最差劲的拖车（由我们这两个“没用鬼”合作设计），装着660磅的食物和饮用水。虽然我们的拖车很烂，但地面平整的时候，拖着这样的重量行动却轻松得不可思议。

如果逼着我选，我会说骑行胜于徒步，除非当地的地形用两轮工具无法跨越，或者有什么其他理由导致自行车骑行行不通——比如说我们在阿曼时拖车负重过大。我进行过轻负重的徒步，也曾背着沉重野外装备步行。我曾拖着一个大拖车徒步，也曾把牙刷柄都切掉了一半来节省重量，方便自己跑步穿越撒哈拉沙漠。要把这些经历都归到一个类别里是很难的。但它们都有一个共同点：徒步旅行很慢。直到几个世纪以前，这都是人类在数千年历史中体验到的生活的速度。在你能用来冒险的时间里，徒步能看到的地方是最少的，但那些你能看到的地方，你会真正地了解它们。那已经非常值得了。

---

① 撒哈拉沙漠马拉松赛（Marathon des Sables）：为期6天，全长251公里，每年在摩洛哥南部举行。

② 鲁卜哈里沙漠（Empty Quarter）：位于阿拉伯半岛，是世界上最大的沙漠之一。其名意思是“空旷的四分之一”，因为沙漠的面积占据了约四分之一个阿拉伯半岛。

7516 ر م M R عُمان
2780 م ح H M عُمان

来自其他冒险者的智慧箴言

安德鲁·福斯霍菲尔

徒步穿越美国。

你知道吗？我只是想试着和人们相遇。于是我就花了不到11个月，走了4000英里多一点，从宾夕法尼亚徒步到新奥尔良，然后再走到旧金山。

因为沿路人们给我提供了帮助，所以这趟旅程花了不到1000美元。

我不希望这趟旅程被定义为成功或者失败。这就像是说，如果没有到达某个地方，你就等于没有上过路，没有获得成功一样，这真是神经病，所以不过分在意终点是一个不错的策略。它能够让你好好享受当下，深入了解此时此地有什么，而不是关注接下来几个月可能会发生什么。让我从头来过，我还是会这样做。

还有一件事是我会对任何下定决心进行此类冒险的人说的：人们常常会跟我说“我真不敢相信你会做这种事”，他们会表达自己的难以置信，而我在那一刻几乎会有罪恶感，因为在很多方面来说，徒步穿越美国是世界上最简单的事情之一。那些忙于养家和工作着的人，不管他们做的是什么工作，都比我在做的事要难得多。所以我想，那就是一个催化剂，让我意识到自己在做的其实是史上最简单的事情。

杰米·麦克唐纳德

穿着超级英雄服装跑步穿越加拿大。

在开始那次跑步冒险之前，我从没有真正跑过步。我绝对不是什么运动员，就是个跟你一样的平常人而已，那种一周去几回健身房的人，真的。我选择进行这个挑战是因为觉得自己有机会做到。

大概七年前我跑过一次马拉松。事前我完全没有做训练，然后就那样子跑完了全程。它大概花了我五个小时。在比赛的最后，我满心想的都是：“我再也再也不会再干这种事了！”

我人生中头九年的大部分时间都是在医院中度过。我得了一种很罕见的病，叫脊髓空洞症[①]。我有癫痫，那是一种免疫缺陷症，有时我会没办法移动自己的双脚。然后，九岁的时候，我开始能动了。我开始打网球，症状也开始消失。我运气很好，那个病的病情本会继续发展下去的。很多人因此失去了他们的活动能力乃至生命。是不是喜爱运动治愈了我，这个我真不知道，但我觉得是。于是我就继续运动，我想，只要你看看一个孩子运动时的脸，你第一眼看到的肯定是他们在微笑。

我爸爸做砌砖工做了一辈子，那曾经让我倍受启发。我为房子存钱的时候，他来跟我说：“你知道吗？我讨厌自己的工作，我做这份工作做了25年。我为什么要干下去呢？”我说：“那就别干了吧。”于是他就不再干了，他开始为有精神障碍和学习困难的患者工作。而我妈妈一辈子都在说：“我

① 脊髓空洞症（syringomyelia）：一种病因不明的慢性脊髓病变。患者的脊髓灰质内会形成管状空腔，影响运动和感受功能，严重者会截瘫。

真的很想领养小孩。”于是他们夫妻俩一起走完了流程，现在就在领养小孩了。我爸爸领的是最低工资，但他是地球上最快乐的人。我爸爸妈妈都是这样的，他们很快乐，因为他们选择了自己真正热爱的事。我想我当时并没有意识到这一点，但我看过他们收获快乐的全过程，于是就出发了！

我妈妈很不高兴我要出去冒险的事。按她的想法，我应该住在隔壁，早早结婚生子。我爸爸则完全相反，他热烈地支持我，就像是在说：“出门去好好热爱生活吧！”我妈妈其实也是在以她的方式来支持我，她只是担心我罢了。她是个母亲——妈妈们都是这样的。

我已经意识到自己喜欢承受痛苦。我喜欢挑战，我回想跑步穿越加拿大的那段旅程，想起它对体力的挑战是多么的大，这让我更加难以忘怀。

我接受这个挑战的一刻，就是我接受失败的一刻。我们常常试图避开失败，特别是年纪大了以后。你不能失败，你不应该失败，如果你失败了，你就犯了错误。但真相就是，失败总是存在的。一旦你意识到自己可能会失败，我想那会给你更多的勇气继续前进，实现梦想。话虽如此，一旦你出发，就别放弃！

我原来没意识到，光是自己出发去冒险就足以启发其他人，让他们满怀希望地去实现自己的人生理想。我曾在落基山脉的路上收到一条很棒的信息。之前人人都说我不应该去。护林员、警察，每个人都在说：“不要穿越洛基山脉。现在是冬天。你会死的。”然后我就收到了一位女士给我的短信。我路上遇到过她和她的儿子。她说：“我只是想提醒你，你是为什么而奔跑的。”她说，“你还记得我的儿子塞缪尔吗？”我对那孩子记忆犹新。然后她说：“他的癌症复发了，也没有可用的疗法。作为一个母亲，我真的非常非常担心你。但作为一个即将失去孩子的母亲，我会说，请继续前进吧。”我看完眼泪都下来了。我能筹多少钱并不重要，我成功与否也根本不重要。重要的只是我在那里，我在努力。

安娜·麦克纳夫

跑步纵向穿越新西兰。

跑步给人一种格外天真单纯的感觉。赤着脚在沙滩上奔跑，跑得肺部仿佛在燃烧，金色的卷发被风吹拂起来——这样的日子让我感觉自己比任何时候都更有活力，与自然的联系更紧密。只依靠运动的旅行充满了自由和单纯，促进了我的成长。我可以随时离开小路，爱在哪儿露营就在哪露营，还可以到汽车甚至是自行车都到不了的地方。

在六个月的时间里，我学到了耐力旅行90%都取决于你的意志。一旦你决定了绝不停下脚步，要继续前进就变得容易多了。我的核心装备就是我自己的肌肉和骨骼，这也让挑战上升到了一个新层次。几周过去以后，我开始能更好地观察和理解自己的思维方式，这是过去30年“正常生活”都不能给予我的。我意识到没人比你自己更了解你的身体。如果你聆听身体对你说的话，哄哄它，温柔但反复地鞭策它——它就能跟上你的精神。我们并没有如自己乐意相信的那样，有离我们奔跑的祖先那么遥远。

卡尔·布什比

自1998年起从巴塔哥尼亚徒步回到英国。

在路上走了很长一段时间以后，能和文明社会有所接触的感觉非常美妙。而在文明社会里待一段时间以后，你就得回到丛林或者山区里去。大部分时候，我会避开大城市。说到惹上麻烦，大城市就是很容易出事的地方，但话说回来，这很大程度上也是因为我旅行的方式只适用于我所遇到的现实情况。

那时我没有资源做自己想做的事，但当伞兵的服役经历使我怀有一种自欺欺人的、近乎疯狂的自信——我是刀枪不入的。多年来我被反复逼到极限，知道了自己能做些什么。对自己能力的自信似乎也帮我搞定了一切。我体验过一系列的环境，从沙漠到丛林再到北极，我“早知道”自己能应付得来。

那就是决定性的因素。就是它让你为了惊人到近乎滑稽的事四处漫游，脸上还带着鲁莽放肆的笑容。

每个人的故事都不一样，每个人的背景都是独一无二的。我们都有各自的包袱。你只需记住一件事：你只活一次。自信是非常强大的。我曾经跟人说：“我有超能力，就像X战警一样：我的超能力就是我太过无知，以至于不懂得自己会失败。”

罗西·斯威尔-波普

曾跑步环游世界，现正在跑步穿越美国。

我花了四年时间，在全世界跑过20000英里。那是为了纪念我亲爱的丈夫克里夫，在那不久之前，他因为前列腺癌去世了。我希望能够借此筹钱，引起人们对癌症的关注，同时帮助自己战胜悲伤，继续生活。跑步环球旅行的想法当然非常疯狂，但你得用光明来对抗黑暗。跑得最长的一天，我跑了30英里，而最慢的一天里，我得来来回回在深雪中转移装备，因此只前进了100码。有时天气会很冷，在阿拉斯加的时候，气温低至零下62摄氏度，虽然两次在零下20摄氏度的俄罗斯冬天里跑步时，那种湿冷感觉上要冷得多。那真的太棒了！

你不必非得在悲痛时才振作，或者发生了断掉一只手之类的事情之后才受到激励，逼着自己做到最好。跟年纪或者性别没有关系，这只是一种心态。

安迪·沃德

徒步穿越欧洲。

我和一个朋友同行，从伦敦徒步走到伊斯坦布尔。那里是距离亚洲最近的地方，我们俩在醉醺醺的时候想出了这个主意。48小时之后，我们就从萨默塞特郡出发，买下一顶帐篷，辞掉了工作，买了张地图来指引自己到达多佛港。之后的旅程就比较接近一场冒险了，真的。这趟旅程花了我们5个半月，中间休息了几次。途中我腓骨骨折，不得不拖延了几周。但这不是一场竞赛，只是去玩一玩。

路上遇到的人都热情得不可思议，对我们在做什么也很感兴趣。不过他们之中没人相信我们是真的在徒步，他们只觉得我们是要搭顺风车！跟他们说清楚我们真的在徒步，说清楚我们真的不需要顺风车，我们真的是从伦敦一直走过来了，这个过程相当有趣。其余的精彩时刻包括在一片地雷区醒来，在瑞士被人开枪射击，在意大利收到免费的杯子蛋糕，还有在伊斯坦布尔获得了特别许可，徒步走过博斯普鲁斯大桥。大桥通常是不开放给行人的，如果你待人诚恳友善，应该就不会陷入太多的麻烦之中。

我一直把旅程的第一个月视作训练期。我们不需要每天完成很高的里程数，但第一天的进度还是挺厉害的。我想我们走了大约29英里吧，这几乎让我们在瓢泼大雨中崩溃。自那以后，等双脚一恢复过来，水泡变得没那么严重，剩下的路程不过像是一份日常工作。只要每天走7个小时，然后就完事了。

“人们对冒险的最大恐惧是找不到足够的时间。他们觉得自己的生活太忙了，没法去做点什么事。但时间又是不可或缺的。”

一旦你决定去做，事情会简单得多，不过是按计划组织然后出发罢了。我想通常来说，人们对冒险的最大恐惧是找不到足够的时间。他们觉得自己的生活太忙了，没法去做点什么事。但时间又是不可或缺的。结果，徒步到亚洲是我做过的最好的事之一。因为它，我收到了好几份工作邀请，因为人们觉得我是个有趣的人。而我对这趟徒步旅行的忧虑却是自己是不是忽略了工作、职业生涯或者别的什么。

如果能让我重来，我会拍更多照片，也肯定要多绕点路，多花些时间享受那些美丽的景点。

莱昂·麦卡隆

徒步3000英里从蒙古走到香港。

徒步比骑行难太多了，但这也带来额外的收获，因为你能更深入到沉浸到旅程中。但我徒步越多，就越意识到自己还是希望进行更多骑行。

当我第一次出发去大冒险的时候，我希望冒险能持续很长很长时间。我希望它无止境地长，因为我感觉自己需要这样一场冒险，我想要所有的挑战，不太希望能看见最后的终点。我希望不断磨炼自己，看看有什么事情会发生。我也希望旅程尽可能地低廉和痛苦。我希望自己没有太多钱可花，就为了在方方面面鞭策自己采取行动。但现在，我不再想要特别长的旅程了，因为我挺喜欢家里的舒适还有别的。而且你确实是对的，你能从几周甚至是几天的行程里收获同样的高潮，同样的低谷，同样的情绪反应。

你唯一无法得到的是那种挑战世界的仪式感。如果你年轻，心中充满愤怒，你需要进行一次长途旅行。但除此之外，除非你喜欢游牧人的生活方式，每天都到一个新的地方，不然短一点的旅行也能带来相同的结果。

罗伯·利尔沃尔

徒步3000英里从蒙古走到香港。

在开始徒步探险之前，我对这类冒险有非常浪漫的想法，我会想着走路穿越高山和谷地，觉得这是极好的旅行方式。但现实的徒步真的非常难。

我想徒步可以很酷，但你不能太激进。我不是说别去徒步旅行，而是认为你要小心，别对自己能行进的距离太过乐观。你得让自己有更多休息时间，不要太在意要走多少距离。还有，如果你迷路了，那可是个大麻烦。

我想徒步旅行最好是更接近一次漫步，而不是那种每天要完成30英里路从A点去到B点的硬派探险。那种徒步探险是艰苦的工作，但在一次不错的徒步漫游里，你只是一个身处野外的人，去露营，不用带太多东西……那样的徒步会是一次很酷的处子行。

我想有两件事情我们显然是应该以不同的方式进行的：一是让自己有更多时间，我想当时如果我们有用一年时间来完成这次冒险，那会很酷，但缩到六个月里完成就很难了；而另一件事是认真花点必要的时间学中文，我们能说一点中文，但如果我能上个为期三个月的中文速成班，而不只是在路上自学，整个旅程会有趣得多。这两件事情会带来很大的不同。

真的很神奇，不是吗？你的处子行——特别是你离开自己所在大洲的第一次旅行，你永远都不会再经历一次了。

凯文·卡尔

跑步环游世界。

我跑了18000英里环游世界，目标是成为第一个完全依靠自己的力量环球旅行的跑手。在路上，我人生第一次看到了一场极为壮观的北极光。靠着自己的力量一步一步跑到那个地点使得这个经历更为弥足珍贵。

我也很喜欢在跑了几千英里之后，回头望向自己出发的地方，却意识到自己已经跑得太远，无法回头。这意味着我终于觉得自己可以说“我在跑步环游世界”，而不是“我正尝试着跑步环游世界”。当你离家只有几百英里的时候，很难觉得自己真的已经在路上了。

我会给的建议是，别浪费时间在网上查细枝末节的东西……别去查要用什么装备，带什么食物最好，或者一个经过某地的路线到底安不安全，实不实际，有没有可能，等等。这些事情能让你把一天中大量的时间浪费在论坛里，也很容易让你走弯路。还有，语言障碍通常不是什么障碍，只是一个让你放下骄傲觉得自己有点蠢的机会。只要你表现出自己的真诚，大多数人会试着明白你，尽他们所能帮助你。

乔恩·穆伊尔

徒步从内陆地区穿越澳大利亚，不带支援。

在极端的环境进行极端的挑战，即使没有达到目的，只要你能安全地回家，你还是成功的。早期攀登珠峰的尝试和不带支援穿越澳大利亚都让我收获甚丰。我知道了很多关于自己的东西，了解了我越过的这片大地，也学到很多关于装备和如何改进装备的事情。这些早期的尝试是我逐渐展开的人生，我每时每刻都活在其中，而不只是专注于最后的目标，而它们也因此让我获益良多。失败于我而言只是一开始就没有上路而已。

在我职业生涯的初期，我一直在寻求可以把自己的耐力推到极限的事情。攀岩、登

山、海上皮艇活动和极地旅行从没真正让我接近这个目标。不带支援的沙漠徒步旅行跟我之前的探险活动完全不一样。在我穿越这片大陆的128天，每一天都比在珠峰登顶那一天更艰难。我在这激烈的挑战中成长。我喜欢这个沙漠国家，真的。她如此洁净，如此狂野和古老，有着令人惊异的风度和气派。

你知道吗？我从来不会认为自己能完成任何项目。没错，你可以从之前的尝试中获得技巧和知识，获得一定程度的自信，但每个人人生中的每一个时刻都是独特的，所以最好别对事情会怎么发展预设太多。

当我真正拼尽全力的时候，我开始从内心的变化中汲取力量，而这样的变化只有在逆境中才会出现。我喜欢冒险场所带给我沉浸在当下的感受。它触及了我内心更加强大的一面，而不是在普通的家庭生活里我自认为的那一面。最艰难的日子我记忆犹新。激烈的挑战没有容许人打哈欠的时候。你会感觉自己非常非常鲜活。

我一直在想："接下来呢？"如果我不这么想，我差不多就是死了。我喜欢另一次荒野冒险的诱惑，我脑子里的冒险清单太长了，一辈子都清不完。

宝拉·康斯坦特

从英国徒步到非洲。

我的第一次大冒险是为期三年的徒步之旅，从特拉法加广场出发，然后南行一直穿过欧洲。第一年，我背着背包走了3000英里，然后和骆驼一起，在撒哈拉沙漠待了两年。

那是过去几年里一次很有趣的旅程，我常常会回顾当时是什么驱动着我，而现在又是什么驱动着我，两者的动力有什么不同。我很有野心，我想这一点是永远不会变的，但野心以什么方式表现出来是件很有趣的事。当时我很清楚自己想要什么，我想做自己喜爱的事情并以此为生，通过他人的视角看看世界。我想要写书，想去大冒险。我不想被塞进一份朝九晚五的工作里，为我不甚尊敬的人卖命。我有强烈的愿望去通过某种方式留下自己的印记。我想度过一段非凡的人生，如果你想知道的话。对我来说那就是成功的含义：成功意味着度过一段非凡的人生。所以那就是我唯一的野心，真的。

我对那一次徒步之旅十分感激。这种感

激我永远描述不出来。我花了很长时间才学会感激这段经历。我爱它，就是爱它，爱它的每一步。但我也学会了另一点，就是停下脚步，问问自己“现在我想要什么”，然后走向另一个完全不同的方向——这也是没有问题的。我现在就是这样做的，但我不会说这样能缓解我对冒险的渴望。我会说，这次冒险让我明白了，我梦想的任何事情都是可行的。对现在的我来说，重要的是分辨出自己梦想的是什么。

我曾有一个很明确的愿望，与撒哈拉沙漠有关。我为当地的文化与宗教传播到南欧的方式所着迷。那就是我的一大动力。我想要通过那些视角看看世界，重走我敬重的人们所走过的路途。为冒险而冒险对我来说从来就没有吸引力。

我想要穿越不同国家与人群的切身体验。我想遇见人，了解其他人，通过别人的视角看看这个世界。我想，在出发去冒险的时候，那真的就是我唯一的目标。

辞掉当老师的工作，投入到这次冒险，对我来说是一个解脱，也是一个我永远不会回头的决定。我每天都会想起它，因为它给我（和我过去的生活）添加了一道屏障。它创造了一个令我感激的生活。它给了我一个平台，让我可以跃入后半生。

当我身处沙漠之中，身处城镇之外，没有一天，没有一个黎明或者夜晚不想着自己是为这一切而生的，我真的太幸运了，居然可以来到这个地方。

瑞秋·贝斯维斯里克

和她兄弟一起重走二战战俘走过的道路。

我们原计划是一路露营。在旅途中的第一夜，一个当地家庭收留了我们，允许我们睡在他们家里。然后他们建议我们在接下来的旅途去当地的佛寺里过夜，这成了我们的每日任务：边走边找到当地的佛寺，然后请求他们允许我们留宿。那真的很不可思议，我们睡过一系列不同的寺庙，对僧人的生活有了独特的了解。我一直想做一些独特的事情，一些疯狂的、不一样的、测试自己、挑战自己的事情。我想要知道自己有做到善用人生，有做到敦促自己突破界限，跳出舒适区，挑战自己的极限。我喜欢旅行，喜欢徒步，喜欢其他文化。

在这次徒步过程中，我发现了家庭的重要性。我和兄弟一起冒险（我们有时互发短信），当时只离开了我的新婚丈夫五周（我们每天都在互发短信）。

完成一次自己计划的冒险是可行的，进行一次冒险并不难，你只需要动身去做，我真希望多年前自己就已经明白这一点。

艾德·斯塔福德

徒步走完亚马孙河。

我在出发前大肆宣扬了自己的旅程。我有一个大型网站，招徕了一大堆人参与，跟所有人说我会办个大型的出发派对。然后我就感受到那种很多人描述过的、出发去冒险时候的感受：我不知道把自己搅进了什么事里！

有几个原则我一直努力坚持，也觉得人说到做到是好事。所以，如果你说了打算做什么事，就一定要去做，旅程比我想象的要更加困难，也更加危险，但我只是想：“你知道吗？我真的很想做到。”我的内心想要做到。它说：“我不是一个傲慢的人，但我相信自己能够抵达终点，我相信我能看见自己奔向那片沙滩。”于是我们继续前进。真的，就这么简单。旅行当中不是任何时候都

那么愉快。大部分时候就像坐牢，但我内心肯定也是有顽固的一面，想要证明自己可以做到。我想顽固并不总是一个好品质，但它还是值得拥有的。就是顽固让我最终熬了过去。这次旅行基本上是一次属于男孩子的冒险。周和我会对彼此说，“要是我们死了，那就是死了——si morimos，morimos[①]”，然后我们哈哈大笑。这是我们常开的玩笑之一——我们其实也没几个笑话可讲。我们接受死亡，视之为一个潜在的结果。

现在回过头来看，我如今是没有办法做到那样的。这个程度的风险和偏远，再加上缺乏保险和撤离计划，还有诸如此类的事情，这实在是太孤立无援了。我们可能会遭遇营养不良和伤病，遭遇非洲杀人蜂和黄蜂巢，碰到毒蛇噬咬和蟒蛇袭击，可能会遇上食人鱼、凯门鳄或者美洲豹，可能会溺水，也可能会激怒当地人。最难的就是要忍耐单调，坚持执行计划比应付上述的危险还难。危险时刻能刺激你的肾上腺素分泌，忽然你就振作起来，有了最奇妙、最能改变人生的经历。但你根本不敢保证自己能战胜旅途中的无聊。它们一点都不有趣，有过半时间你是记不起来的，但就是这些无聊的时光主宰了你的旅行。我觉得单调比其他所谓的障碍都难对付得多。

我猜，这跟一次艰难的锻炼或者别的什么一样，它能让你在结束的时候感觉良好。你辛苦了半小时，然后成功了，于是自我感觉十分良好。我想探险也是那样，它就是我们想要的体力挑战——逼迫自己，克服障碍，

① si morimos，morimos：西班牙语，意思是“要是我们死了，那就是死了”。

跳出常规的思维，小小地与危险赌一把。我想所有这些对灵魂的成长都十分重要。

如果你的生活中没有可以挑战你的事情，没有可以让你离开舒适区的事情，那你只会逐渐衰弱枯萎。然而，我个人认为，在冒险这方面，如果我不曾徒步两年半走完亚马孙河，向自己证明过想要证明的事情，那我可能会永远追求着这个目标，只是（在未来）用稍微不一样的方法实现。我觉得，不断进行一次比一次规模更大、一次比一次更加危险的冒险，不是合适的自我证明方式。

列夫·伍德

徒步走完尼罗河。

这是一个在21世纪探索非洲，体验它多姿多彩的人种和文化的美妙方式。

出发之前，我觉得旅程中80%会很辛苦，20%会很有趣。事实上比例可能更接近于一半一半。我会说旅程中有一半都很苦，很无聊，基本都很垃圾，而另一半就真是非常有趣也非常好玩。在这样一次旅程里，你能经历如此多不同的景色和文化，每天都是不一样的，都精彩极了。对我来说，这是促使我继续前进的动力，让我能在每一天醒来后走20英里，体会路上所有的小冒险。

这并不只是为了体力的挑战，也不只有极限运动精神的方面。旅行事关与人相遇，事关找到快乐的方式。

如果你尝试着向村民解释自己要徒步走完尼罗河，他们只会莫名其妙地看着你。如果你告诉他们你要走到下一个村庄，就在3英里外，他们几乎就要晕过去：“不，你不能那样做！”

我一直为这条河流着迷。不仅是因为这是世界上最长的河流，还因为它流经了非常多样化的地区。而徒步就是几万年前人类离开非洲的方式。我觉得这是一个原始又发自肺腑的方式，来遇见路上形形色色的人。你是真正地仰赖他们的慈悲和善意来生存的。对我来说，这是一个重要的吸引力。

我喜欢考验自己，挑战自己。我觉得徒步就是一个很好的挑战途径。

徒步走完尼罗河让我对艾德·斯塔福德（他徒步走完了亚马孙河）怀有极大的尊敬。当然，之前我已经很尊敬他了，但自己亲自体验过类似冒险之后……天！那花了他两年半。在亚马孙流域是没有道路的，他只能披荆斩棘地一路穿过雨林里的沼泽和灌木丛。说真的，那一定是糟透了。

所以20年后，你会为了什么后悔呢？不是自己做过的事情，你会后悔的是那些你没有做过的。所以别推迟你的行动，出发，去承担那些风险，因为有些风险是值得的。如此，你就能带着精彩的回忆和经历离开人世。

尼克·亨特

徒步穿越欧洲。

我徒步走了2500英里穿越欧洲，从荷兰的角港①一直走到伊斯坦布尔。这是我自18岁以来的梦想——追随帕特里克·雷·费默的足迹。我沿着两条主要河流行进，越过三座山脉，在好客的陌生人家里留宿，在树林里露营，偷偷住在废弃的城堡里，在必要的时候露宿。在旅行的过程中，我住过一所匈牙利的学校，一所罗马尼亚的女修道院，一所保加利亚的修道院，还有一家特兰西瓦尼

① 角港（Hook of Holland）：荷兰西部的城镇，濒临北海。

亚[1]的精神病院。

我学会爱上徒步那神奇的缓慢，学会去热爱逐渐变化的风景、文化、语言和观念，还学会了去热爱孤独之乐：托夫·杨森说这种乐趣是“一份期待加两份春季的忧伤”，除此以外就是一个人独处时的无上快乐。

我几乎没做什么准备工作——我没有调查路线，没有查谷歌地图，我有意避开旅行指南，也没做任何体能训练。我的想法是用帕特里克·雷·费默的书作为我唯一的旅行指南，那本书都过时80年了。但我想让大洲给我惊喜，先入为主的概念能少则少。不过一点体能训练还是会有帮助的，因为一路上我吃了好多苦头！

徒步旅行中要过得节俭很容易，特别当你已经准备好了要过一阵苦日子，当个沙发客而不是依赖酒店。除了食物、葡萄酒、啤酒、巧克力和香烟（每天结束时我给自己的精神奖励），我没有什么要花钱的地方。

只要你有正确的心态，对各种可能性敞开心胸，放飞自己的想象力，即使是在看起来很现代化，到处都是建筑的欧洲也能感觉到狂野和神秘，精彩得出乎你的意料。没有这样的心态，你可能带着iPod来到戈壁、沙漠的中央也感觉不到比身处自家客厅更多的兴奋。自由和荒野在你的心里，不在你的身体之外。

“抵达”这个行为让人充满了自相矛盾的失望。到达黑海，到达伊斯坦布尔是我一直期望着的事情，我把它想象成一个无与伦比的成就——但往往，旅行本身比起目的地更能让我满足。当我终于抵达那些地方的时候，我想着自己的旅程终于画上了一个句号，一股巨大的悲伤油然而生。

[1] 特兰西瓦尼亚（Transylvanian）：今罗马尼亚中西部地区，中世纪时是一个公国。该地也是吸血鬼德拉库伯爵传说的发源地。

我的准则之一是：最好的冒险总是简单的冒险。徒步冒险当然不易，但它十分简单！好的冒险也应当要慢，这样你才有时间沉浸到旅途中，体味你经过的人文地理，才有时间一边探索着自己力所能及的事，一边凝视自己的内心。

简单冒险的一个极大的好处是起步轻松。安德鲁刚被炒了鱿鱼，没有足够的钱去进行他原来计划的冒险，于是想自己“干脆就开始徒步，其余一切从简”。杰米的情况也有点类似，在出发跑5000英里前，他只有气喘吁吁跑完5小时马拉松的经验。安迪则是醉醺醺地搞出了一个冒险计划，48小时后就开始了旅程，“之后就有点像是一次冒险了”。从后勤、装备和花费方面来说，没什么能比徒步旅行更省钱：塞几样东西到背包里，然后你就差不多能上路了。这跟本·桑德斯花了十年做准备的南极冒险差别很大。

是什么让这些人不再做白日梦，然后开启他们的旅程呢？知道自己明天一早就能走出家门前往中国是一回事，有勇气真的去做则完全是另一回事。卡尔做到了，靠的是军旅生涯赋予他的自信，还有他“无知”到不觉得自己会失败的认知。罗西的个性跟卡尔完全不一样，她觉得这跟年龄、性别全无关系，有关系的是你的心态。尼克“跟十个人说了（他）要去冒险。只要跟十个人说了要做什么事，你就只能去做了，没有别的选择”。瑞秋订好了机票——机票一定下来，她就觉得自己有了要完成的责任。列夫最终启程了，尽管出发前他心里想着旅程“80%都会糟糕透顶”。

接下来就是很多踏上冒险的人都会有的感受。艾德说：“我不知道自己搅进了什么事里！”这样的感觉令人胆怯，但尼克主动追求这种不确定性，有意不去研究路线或者不做任何训练。他“想让大洲给我惊喜”，但他也承认自己因这傲慢的想法受苦，希望自己有事先做一点训练！

我在长途徒步旅行前都会保证体能过关，但安迪更乐意把旅途的第一个月视作训练期，而杰米则喜欢痛苦和挑战。像罗伯那样，我发现徒步事实上相当困难，更希望旅程能不从锻炼体格的惨况中开始。宝拉的总结也许说出了我们很多人的心声：“这绝对是一次冒险，只是执行得很糟糕，整个旅程就是一条学习曲线。”

有一件事很有趣，就是我们的徒步冒险者比骑行者更多谈及失败。我想这是否因为徒步带来的日常痛苦，还是说长时间缓慢前进免不了让人反省自己。安德鲁不想旅程被失败的阴影笼罩，于是他努力对终点“淡然处之”，让自己更珍惜当下。这是最有智慧的冒险建议之一。乔恩对成功的定义同样不限于终点线：“失败与我而言只是一开始就没有上路而已。”

如果你旅行的目的只是为了到达终点，你会错过很多很多经历。尼克形容他“欣赏徒步本身，而不是看重它把自己送往某地的用处。徒步不再是到达一个目的地的手段，它本身即是目的，这使得‘抵达’这个行为让人充满了自相矛盾的失望”。我也十分清楚这种感觉，我的每一次旅程都在一种空洞而扫兴的感觉中迎来终结。太过注重目标以至于伤害了旅途的其他方面是十分可惜的，这是我对高速冒险一直没兴趣的一个主要原因。

我想，失败的可能性，还有甩手不干直接回家的诱惑，最经常萦绕在那些长途徒步的人脑海里。原因很简单：因为长途徒步很难。

杰米很清楚他接受挑战的一刻就是接受失败的一刻。（“话虽如此，一旦你出发，就别放弃！”）艾德有相似的顽固特征，他想证明自己做得到，人需要时间适应大冒险，需要时间来相信自己确实属于这趟旅程。凯文记得自己能理所当然说出“我在跑步环游世界”而不是“我在尝试着跑步环游世界”那一刻，这是冒险旅程中值得期待的美好一刻。

“你选择了做这件事情，所以好好享受吧！每天要问问自己收获了什么，然后抬头挺胸。”

花点时间感受你真正属于自己的旅程，感受自己并不只是在夸夸其谈，这是没有问题的：这些旅程都很困难，而你只是一个新手。这正是冒险的一部分重点所在。艾德相信“逼迫自己，克服障碍，跳出常规的思维，小小地与危险赌一把。我想所有这些对灵魂的成长都十分重要”。

但我们也不要忘了罗茜·斯威尔-波普的劝诫：“我受不了冒险者抱怨事情有多难多痛苦——我们是自己选这条路的！它很有意思！”

人们当然会觉得长途步行的你是疯子，瑞秋、列夫和安迪都可以作证，人们经常会想捎你一段来帮你。徒步穿越印度的时候，我发现自己在反复面对同一个问题：告诉人们我只是走路去下一个小镇，他们就会试图捎我一段；告诉人们我要徒步走到喀拉拉邦，他们压根就不信。一如往常，陌生人的善意备受称赞。罗茜经常“在冒险过程中得到很多拥抱和亲吻”。（虽然我怀疑像她这样快乐外向的人，可能连她的会计都乐于拥抱她）安迪的建议是如果你秉持开放友善的待人态度，路上不会遇到多少困难。这个建议也是可靠的，特别是加上一点街头智慧平衡一下以后。

每个人旅行的目的都不一样，这是可以理解的。我为了遇见更多人徒步穿越印度，为了不遇见什么人穿越冰岛。安德鲁徒步穿越美国是为了聆听人们的故事。乔恩徒步穿越澳洲内陆是为了把世界抛在身后，真正地考验自己。“每天都比我珠峰登顶那天更艰难。”他回忆说。但他觉得这是值得的，因为“激烈的挑战没有容许人打哈欠的时候。你会感觉自己非常非常鲜活”。

如果这些对你来说太折磨人，那就听宝拉的。她冒险时每天都在思考自己有多幸运。所以放手一试吧！做个计划，然后实现它。如果你是个初学者——那就更好了！就像列夫强调的那样，你不会后悔自己做过的事。对安迪来说，他的徒步之旅是自己做过最好的事情之一，同时也预示了他的将来：“我因为它得到好几份工作邀请，因为人们觉得我是个有趣的人”。而罗伯回顾过去时，会怀念他的处子行有多神奇。

我会把最后一句话留给开朗又励志的罗茜：“记住这句话，这很有意思——你选择了做这件事情，所以好好享受吧！每天要问问自己收获了什么，然后抬头挺胸。”

动物
ANIMAL

我从未与动物一起冒险，虽然我会很乐于尝试。我知道自己还没尝试的原因：这可比只身上路贵多了；开始行程需要做的准备更多；每天早晨出发都很花时间，你也需要照顾和控制动物的技术，或者你得和有那些技术的人同行；你需要耐性，而在漫长艰苦的一天结束后，你还得把动物的需求放在自己之前，先照顾好它们，然后才是照顾自己。这些事情对我没有一丁点儿吸引力。（或者说，其中一些内容理论上能吸引我，但我还是清楚自己的弱点的！）

每一种冒险都有它的优缺点。和动物同行的冒险有很大的好处。和另一个生命（说不定比我过去一些人类旅伴更聪明、更有感知力的生命……）分享旅程会带给你满足感。它们也是坚忍、极简主义、需求单纯和活在当下的好榜样。这些是所有冒险者都立志追求的品质，但我们的表现比起狗和驴子差远了。和动物一起旅行会让你觉得更有趣，给你带来更多的话题和机会，甚至是得到他人的殷勤招待。这样的冒险也让你和旧时的冒险者之间有了激动人心的联系。宝拉钟情于“过去好日子”里那些探险者，和骆驼队一起穿越撒哈拉沙漠，使她对威尔弗雷德·塞西格①的冒险经历有了更深的体会，那是她非常尊敬的探险家。莱昂·麦卡隆和我拖着一辆蠢兮兮的拖车穿过鲁卜哈里沙漠，以我们的方式纪念威尔弗雷德·塞西格。我们要是带了骆驼的话，旅程会更顺利。从实用角度来说，动物会对你的旅程很有帮助。但那次旅行我们买不起骆驼，也不知道要怎么使用它们。而且我们是一对受虐狂，喜欢把事情搞得异常艰难。

① 威尔弗雷德·塞西格（Wilfred Thesiger）：英国探险家和旅行作家，曾多次在阿拉伯半岛进行冒险活动。

如果你有时间，有耐性，也有金钱和好脾气来应对与动物同行的旅程，它肯定会给你丰厚的回报，给你带来愉快的体验和一个精彩的故事。

来自其他冒险者的智慧箴言

宝拉·康斯坦特

花了两年和骆驼一起穿越撒哈拉沙漠。

花费两年和骆驼一起穿越撒哈拉沙漠是一件复杂的事情。真的很复杂，不过我出发的时候还未意识到这一点。也因为这样，我似乎从未觉得旅程很复杂。有很多时候我都会想："我的天，其他人做不到这些事的。"（笑）这样的念头完全就是妄自尊大，但在很多方面，它又让我感觉如此平静。城镇是个噩梦，每个月我走进一处聚居地时总要经历一番挣扎，真的，但当我再次步出城镇的那一刻，当我知道自己又要走个30来天的那一刻……沙漠如此美丽，如此平静，我喜欢置身在其中的每一秒。

汉娜·恩格尔坎普

和一头驴子一起徒步环绕威尔士一周。

我当时已经有了徒步游威尔士的想法，因为（新的官方）步道刚开放了几个月，我感觉自己已经做好了冒险的准备。我打算做个千里徒步的旅行，大概花上3个月，感觉会是场不错的冒险。然后我看了一个电影，里面是游牧民族的车队和马跟骆驼一起进入撒哈拉沙漠。就是那一瞬间，就是那种浪漫主义的视角和愿景，我心想："这就对了，我要带一头驴子和我一起环游威尔士。这是显而易见的。"

我从未试过带着自己所有的行李走很远的路，所以心里还有点害怕。我估摸着带头驴子可以解决这个问题，然后我就可以带上奢侈一点的东西了，比如我的尤克里里。

最终我没有带上自己的尤克里里，根本没时间搞那个东西。旅程并不符合我一开始设想的浪漫愿景。我在一开始梦想着这次冒险的时候，觉得它会是一次平静而又充满禅意的徒步冥想，我可以带上水彩颜料、书还有我的尤克里里，你知道的，这些都是我觉得自己会玩会懂的东西。但其实，旅程中的大部分时间我都在铲屎，在安装驴子的畜栏，在检查它的蹄子。我没有自己预期会有的时间和空间。

我并不擅长独处。但那次冒险让我觉得自己需要排除人类的陪伴，于是驴子就成了我的一个伙伴。但同时，当然了，最重要的一点还是我爱炫耀。我知道只要带着一头驴子，人们就会关注我。驴子是个工具，让我可以很快融入人们的话题。我们可以很快说完自己的事，把握询问他人故事的机会。如果我只是一个忽然走过来的记者，人们会更加守口如瓶，但因为我有故事可以交换，这就有了一个方法可以快速获得一个地方和人群的"内部消息"。

那头驴子每时每刻都在欣赏着这个世

界。它心心念念的只是想在地上打个滚，“我要在地上打个滚”，或者想吃一点这个植物、吃一点那个植物。即使我想要做到那样，做到不去想昨天或者明天的事情，我还是很少给自己许诺一些甜头，比如说走到下一座山就吃点好的；我也总是想着晚上要吃什么，或者期待着支起帐篷的时刻。我想的都是未来旅程的进度，尽管我觉得自己已经是活在当下了。

我常常发现自己在说：“噢，很简单的，你可以这样做。”但其实事情挺难的。这不是我想抱怨的事，因为那是我生命中最奇妙的6个月，但这次冒险也并非轻而易举就能完成。也许原因在于有些事情可以很简单，但并不代表它做起来会轻松。

蒂姆·寇普

从蒙古骑马到欧洲。

我骑马重走了当年成吉思汗攻打欧洲的路线，去探索欧亚游牧民族的精神。这是一趟奇妙的旅程，有阿尔泰山的美，有零下50度的气温，有哈萨克沙漠和喀尔巴阡山的树林……

一方面，旅程最大的诱惑是这片环境里的无数种可能性：这6000英里的路上没有一处篱笆。我骑着马出发，从第一天到最后一天，一切都是无法预知的。我真心想要了解这些游牧民族。他们生活在这样的环境里，他们的生活态度打破了定居型的西方社会所遵循的生活方式。这一点我很感兴趣。这里，私有财产的概念并不存在。人们适应动物的生活方式，而不是动物适应人的生活方式。这两点都使我深受启发，而马则似乎把这一切都联系在一起。马让我对古代社会有了更深入的理解，它让我超越当代生活，给我离开马路的自由，让我可以体验到这些游牧民族一直知晓的事：这片环境的自由。每一次我骑上马，身后都跟着两个马群和我的小狗“虎狮”。每一天都像是踏进一个民间故事一样。

当我骑着马到来，遇见那些从未骑过马的人，或者至少不曾经历过游牧生活的人，忽然之间，那些他们父辈和祖辈说过的，关于骑手和马背生活的事重现在他们面前。比如传统上，“你永远不应让一名骑手路过你家门而不入，你应该邀请他们进来，款待他们三杯茶，如果可能的话，招待他们在你家

作客三天”。马让我体验到了一种回到过去的生活。

接下来这个可能听起来有些奇怪，这是我在出发前没有预料到的事：骑马让我失去了自己的独立性。旅程变得完全围绕着动物的健康进行。马能健康地走多远，我就只能前进多远。如果你看到一个景色优美的山丘，你不能直接到那里和马一起扎营，因为马每天需要喝7加仑的水，也需要到有优质牧草的地方觅食，需要有遮风挡雨的地方休息。这是一个挑战，同时也是我没有预料到的事。

另一方面，马也把我和环境紧密地联系起来。我依稀记得蒙古到匈牙利多瑙河路上的几乎每一片草地。你开始学会透过马的眼睛看世界。马背上的世界和其他现代交通工具相比是很不一样的。你也会开始留意威胁和麻烦。当你在马背上的时候，城市看起来就格外的不友好，也可能会十分危险。但骑马的好处之一是你能蹚过奔腾的河流，穿过雪地，登上高山，也能走在道路上。它们是非常灵活的动物，你能因此旅行很长的距离。

“你和动物的关系成了旅行的本质，你们成了一个命运共同体。”

我想有一件事经常被人遗忘，就是马不是一种交通工具。事实上，它会变成你的旅伴。你和动物的关系成了旅行的本质，你们成了一个命运共同体，虽然看起来像是你自己在旅行，在前进，你也有自己的目标，但最终，你们的目标是找到足够的食物、住所和水来保证大家都健康愉快。

马丁·哈特利

和一队雪橇犬一起横越北冰洋。

我不记得那是我们在北冰洋上的第86还是99天了。我们和19只加拿大爱斯基摩犬一起从俄罗斯穿越北冰洋，到达加拿大。它们棒极了。没有那些狗，大家肯定已经开始自相残杀了。那次团队探险的经历糟糕得绝无仅有。但狗狗们都很开心，它们喜欢工作，工作的时候都散发着快乐的气息，所以我想，是它们让我们团结在了一起。

杰米·布恩楚克

骑马穿越哈萨克斯坦。

我们的冒险是为了纪念一位盎格鲁-爱尔兰探险家，那年正好是他穿越中亚的一百周年。查尔斯·霍华德-布里爵士①当年一直走陆路来到如今哈萨克斯坦境内的天山山脉。我们乘飞机来到哈萨克斯坦，买了三匹马，然后一路沿着与世隔绝的荒漠、草原南行，直到63天后抵达阿拉木图。

旅程中最让我记忆犹新的是在草原上的一个宁静的傍晚，那天我们扎营休息，我骑上最快也是我最喜欢的那匹马，出去跑了一圈。在那个杳无人烟的地方，无边无际的草原向着四面八方延伸。马和我想必都因为强制的休息（因为天气很糟）而厌倦万分。我刚一跳上马背，它就全速冲了出去。马蹄声犹如快板一样，脚下的大地模糊成色彩的洪流。这样做其实很危险，我没戴头盔，也没人知道我在哪儿，要是在那时候摔下马，我的麻烦可就大了。但危险更增强了冒险的体验，而我从未有过如此鲜活的感觉。当我们用尽全力向着夕阳的余晖奔跑，我知道那一刻的记忆将会伴我终身。

我深深地为一个浪漫过头的想法着迷，觉得自己可以扮演一名殉道的英雄，一位现代探险家，和他忠实的骏马一起勇敢地踏上旅程，收获名声、财富与拥戴。当然，探险的现实则是另一回事，它总是如此。真的，我们只是两个笨蛋，没怎么准备好面对终将降临的艰辛。我们一路都跌跌撞撞，对很多事情一无所知。

穿越中亚的旅程让我了解了很多关于自己的事情：它教会了我，要对自己是谁保持自信，对自己的故事保持自信，它让我学会了什么是真正的动力和决心，还让我发现了人们常常担心的那些俗事其实并不重要。你会有办法克服那些不便，穿越一个未知的国家。当然，旅途中你会犯错，会失策，也更容易栽跟头，但最后，你总能到达一个新的地方。我们之前从未骑过马，所以我们得学会怎么保养、购买马匹，也确实得先学会骑马。

有些人说你可以临时想到办法应付，而且一旦你踏上征途，大概也得即兴解决各种问题。但是只要有机会，可以提前多做点准备，不要吝啬于多做一点，多学一点，要力求让你脑海里的冒险图景更连贯一些。不事先做调查研究是在偷懒。你依然会拥有一趟令人兴奋的、“马蹄上”的冒险，旅程大概也会很有趣，但只要你不瞎混，只要你能在出发前多努力一点，你的冒险可以增加十倍的收获。

我一直希望自己有在开始旅行前多学一点俄语。如果我们能和路上遇见的形形色色的人好好交流，我们冒险的质量和体验一定会有极大的提高。

海伦·洛伊德

曾骑马穿越吉尔吉斯斯坦。

马背上的旅行使你拥有去几乎任何地方的自由，也让你多了一个伙伴（一个不会还嘴也不会生气的伙伴）。不管你有多累或者多想做点别的什么事，马的需要永远永远在第一位。对有些人来说这可能是个缺点，但我个人觉得这是值得的。对我来说，骑马是我最喜欢的旅行方式——不过说良心话，我是在吉尔吉斯斯坦骑马，那是理想的马之国度。

① 查尔斯·霍华德-布里爵士（Sir Charles Howard-Bury）：英国探险家和植物学家，曾参与珠峰探险。

莱昂 · 麦卡隆

骑马沿圣克鲁斯河旅行。

我曾在阿根廷进行过一趟马背上的旅行，从大西洋一直骑到安第斯山脉。我想我感兴趣的是旅途中人与动物之间建立的联系。你们要互相依靠来生存，来完成旅程。

“我感兴趣的是旅途中人与动物之间建立的联系。你们要互相依靠来生存，来完成旅程。”

带动物去冒险的最好理由，是它们会让你真正地远离大路。我需要靠近水源，但除此以外就没别的了。你可以大步走向草原，或者走向任何地方，不需要依靠道路或者城镇来补充物资。那种感觉好极了。我能开始理解我的马，感觉这只大型动物开始信任我，这样的感觉十分美妙。开始的时候我们都在互相试探，但几天后我们都多多少少了解对方了，开始变得非常合拍。我和那匹马的关系可比我跟一些人类都要好得多！

这可不容易！马是聪明的动物，也特别吃苦耐劳，但它们也需要人照顾。我很幸运能跟一个懂行的人一起旅行，但直到出发以后，我才意识到马对日常的影响有多大。我也从没真正想过，自己会一手牵着自己马的缰绳，另一只手还得牵着一匹驮马。这意味着像挠鼻子或者正正帽子这样的小事都得预先计划一下，因为我的双手总是满的。这样的参与感比我徒步或者骑行要强得多。这也限制了我在马上的拍摄工作。

这本书反复出现的一个主题，就是大家都是从新手开始的，缺乏经验不应阻碍你的冒险计划。在行进中学习是这些与动物同行的故事的共同理念。

宝拉和汉娜都想象过无忧无虑的浪漫冒险，但旅行开始以后，她们都觉得旅程比预期的更加复杂。她们还只是和这些四只脚的伙伴们一起走路，而杰米跟莱昂还要学会怎么骑它们。作为一个经常梦想着和骆驼或者马进行长途冒险的人，我一听见蒂姆说“马背上最轻松的一天也比其他旅程最难的一天更艰难”就不由得发抖。对于一个在野外骑行和划船行过数千英里的人来说，这是非常严重的说法。但他还是很喜欢那次经历。海伦也一样。她曾通过很多种不同的方式旅行。她把骑马进行的旅程列到第一位。

我一直立志要自己在旅行中做到活在当下，接纳属于自己的胜利和灾难，并且尽力享受每一天。但我在这方面真的不可救药。我会一直梦想着未来，怀念着过去，或者对现在愤愤不平。与动物一起旅行是活在当下的漫长一课。汉娜观察到她的驴子会每时每刻地珍惜着这个世界。在和这头小小的驴子旅行的过程中充满了智慧!

这类旅程的力量，在于人与动物之间建立的关系。莱昂觉得，他和马之间建立的信任与理解十分奇妙。海伦十分珍惜一个不会回嘴或者生气的同伴（这样的形容好几个受访者也用过）。这是一种有趣的关系。伙伴关系和信任意味着平等的关系，虽然发号施令的是人类，而动物是向着人类的目标努力的。然而，旅程如果要成功，你就必须以动物的需要为先。蒂姆和海伦都很看重把自身利益置于动物的利益之后的一课，而每天寻找水、草的活动主宰了所有人旅程的节奏。

和动物一起旅行很不容易，也很慢。但它们也带来了巨大的行动自由，这一点莱昂、海伦和蒂姆都提到过。值得一提的是这三个人之前都通过骑行进行过长途旅行。但对骑行来说，逃离世界上的人造道路是一个醉人但并不太可能实现的想法。

蒂姆总结了与动物一起旅行的精髓：“它无法预测。这正是我所追求的生活，不打草稿，带着自由的感觉。那就是我真正追求的东西。”

水路

WATER

不管是选择一艘独木舟还是皮艇，或者是选择建造一艘筏子，或者就打算去游泳，水路也许是我最喜欢的旅行方式，因为它能确保一次有趣的旅程。选一条河，地球上任何一条河，沿着它从源头旅行到大海，你就能收获一次激动人心而又充实的旅程。我喜欢看着沿岸的风景和随着蜿蜒流淌的河流变换的人们。

尽管我很喜欢骑行环游世界，我仍然知道，即使在最偏远的地方，整个骑行的旅程基本都是在人造的道路或者小径上进行的。而另一方面，河流是野性的，它们属于自然，是永恒的存在。不管你是在隆冬沿着冰封的河流滑行，还是夏天在河里泛舟，河流都是最好的旅行道路。

我最喜欢的旅程之一，是乘独木舟沿育空河顺流而下500英里。能身处真正的野外，在不划桨的时候平静地顺水漂流，在河中央的岛屿露营，这些都堪称我最快乐的旅行回忆。日复一日，那里看不到人类生活的痕迹，只有灰熊和数以百万计的树木，只有河流安静地涌动流淌。

在河流中泛舟的花费可以很低廉，后勤方面也很简单。你可以建造自己的筏子，沿着欧洲或者南美洲的大河划船，就像我们其中两个受访者那样。或者你可以像奥利·惠特尔那样买一艘独木舟，到湄公河泛舟，寻找一些比在办公室工作更能坚定人生活意志的东西。

不过对于很多河流旅行来说，装备、后勤和钱始终是令人担忧的大问题。我曾穿越冰岛，在当地的众多河流中划橡皮筏——一艘充气的船能克服一些后勤方面的障碍。这是我人生中一次最为激动人心的冒险。橡皮

艇就像是成年人的玩具橡皮艇。它们非常好玩，也是一本通往荒野的超级护照，能使充满创意的旅行计划成为可能。但它们不便宜，而且徒步走到漂流起点的路程往往比在河上划船的行程更漫长。

在需要皮艇或者独木舟的旅程里，你往往要在开始和结束的时候费老大劲，在家和河流之间搬运又大又笨重的船只。不是说这样就不值得，远非如此。在悠长的河流里泛舟是一个欣赏风景的美好方式，可以以马克·考尔克在旅程中的想法为证。他打算到各大洲最长的河流里泛舟，现在目标刚完成了一半。

而我也有一个梦想，就是再次回到育空河，从河流的源头一直划到大海。

每一条河流的尽头都是大海。我喜欢以海洋作为旅程起点或者终点的标志。到达大海有一种迎来终结的强烈感觉——当然，除非你生出了更疯狂的念头，打算渡海看看海的另一边还有什么！

海洋以它的广大、它变幻不定的情绪、它坚定不移的存在和力量诱惑着我们。但除非是像纽特里诺爸爸[①]那样用垃圾做成的筏子横渡大西洋，或者是像索尔·海耶达尔那

① 纽特里诺爸爸（Poppa Neutrino）：原名威廉·大卫·珀尔曼，曾是一名街头音乐家，52岁的时候因一场大病改名。1997–1998年间，他用收集和捐赠得来的废品建造了一艘垃圾筏，从北美横渡大西洋抵达了欧洲。

样，用他那传奇的轻木筏子康提基号（Kon-Tiki）①横渡太平洋，海洋冒险让你花掉的钱要比1000英镑多得多。这不是说它们在书中没有一席之地，毕竟这本书的主题就是克服大冒险的障碍，而船手有很多障碍需要克服。所以继续读下去寻求启发吧，哪怕你计划的旅程要花的是1000英镑，而不是30000英镑。

“除了一大笔钱，你也需要时间、耐心、坚持、勇气和幽默感。”

这些书里的故事来自横渡过大洋的人，他们的故事会强化海洋冒险并不应该等闲视之这个观念。除了一大笔钱，你也需要时间、耐心、坚持、勇气和幽默感。而在冒险初期，你真正不需要的，是成为一名专业水手。本书提到的这些冒险者在开始他们的漫长旅程时，没有一个人对大海有所了解。而他们要学的东西有很多：在海上，你（或者你的同伴）必须能把所有东西固定在船上，要能在无风带中导航，要能顶得住暴风雨。

---

① 索尔·海耶达尔（Thor Heyerdahl）和康提基号（Kon-Tiki）：索尔·海耶达尔是一名挪威冒险家和人种学家。康提基是印加主神维拉科查的别名之一。有不少研究认为波利尼西亚文明与印加文明之间存有联系。1947年，对波利尼西亚文明一直深感兴趣的海耶达尔建造一艘轻木筏子，与另外五名冒险者一起横渡太平洋，从秘鲁抵达了法属波利尼西亚。

这不是可以等闲对待的冒险，准备阶段自然也会比横渡海洋的旅途本身更漫长。

正因如此，我不曾怀有划船渡海的野心。我喜欢冒险，但讨厌为它们做准备。我太懒散，太没有条理，太短视，也没什么本事一个人完成划船渡海的准备工作。我们这种缺乏细节计划内容的书会让很多以任务优先的勤奋船手大惊失色。

“如果你想要一场大冒险，就必须想办法把它塞进生活里，做一切必要的妥协来实现它。”

我很乐意独自划船横渡海洋，但我知道自己没有本事冲击那条起跑线，这就是为什么我在收到一个船队划船横渡大西洋的邀请时，马上抓住了机会。那时离出发只有六周了。时间很紧张也很不便。我没什么时间做体能和精神方面的准备，也没时间和新队友搞好关系。但人生中，你永远不会自然而然地有很多时间、金钱和能量，所以如果你想要一场大冒险，就必须想办法把它塞进生活里，做一切必要的妥协来实现它。我跳过了漫长辛苦（但无疑也让人收获甚丰）的准备阶段，直接投入了划船的阶段。结果我没其他队友那么能干，对整个漫长旅程也没有那么投入。他们从整个项目中得到的收获会比我更多。但我也确实体验到了一次划船横渡海洋的非凡壮举。

我在这次划船冒险之前曾有驾驶帆船横渡大西洋的经历，所以我对两次冒险的对比很感兴趣。划船横渡大西洋是一次更内在的体验。我们四个人挤在一艘26英尺长的小船上，空间小得可怜，完全没有隐私，人人

都严重缺觉，每个小任务都特别麻烦；我们要在晃晃悠悠的炉子上煮水，拉屎要拉在一个小桶里，要在棺材大小的船舱里换下被暴风雨打湿的衣服，在最残酷的短暂睡眠后重新穿上那些冷冰冰的湿漉的衣服，回到位置上继续摇桨，那都是艰难的时刻。但那些也是值得付出的代价，换回来的是极端的紧张和刺激：我们在一片漆黑中从又高又快的浪头上划下来，热带风暴重重地抽打在我们身上；我们在美丽的日出中告别又一个漫长艰苦的夜晚，例行公事地检查GPS数值，看看过去24个小时前进了多少英里；每前进100英里，我们就奖励自己一小片意大利腊肠，食物如此值得珍惜和品尝，简直让我落泪；一夜可怕的暴风雨过去后，我们看到了宁静的海面和阳光；我们在日落时坐在船舱顶上，聊那天捉到的大鱼；对面的三个陌生人成了我的朋友，我笑的比过去那么多年都要多；出海45天后，我们回到了陆地，分享了冰冷可口的啤酒。海上冒险的生活是如此丰富精彩。

我会划船横渡另一个海洋吗？不会。我为自己曾经横渡过一个海洋高兴吗？那当然。但从纯粹的快乐而言，我觉得没什么比得上乘坐着便宜的小独木舟在大河上漂流，自己钓鱼做晚餐，每天晚上在河岸的营火旁安然入眠。

来自其他冒险者的智慧箴言

蒂姆·寇普

曾在西伯利亚的勒拿河划船旅行。

从体力上来说，划船没有骑自行车或者骑马那么艰难，但比较不方便。我们每2小时倒一次班，一天24小时不停地划，所以大家总是缺觉！顺流穿越西伯利亚的心脏地带是一次美妙的经历。我们逐渐接近北冰洋，沿途的景色和人也在逐渐改变。那艘船本身很有来历——我们在贝加尔湖的岸边找到腐坏的船身。有人告诉我们，船主已经被黑帮干掉了！我们带走了船，用3周时间在上面修了个小木屋，之后用了大约4个月向北边划去，每天基本靠吃鱼过活，并且在一些激流以及浓雾中突然出现的大驳船中间穿行。最困难的是靠着我们4个人在这么小的一艘船上生存。到了旅程后半段，咖啡和巧克力的量越来越少，紧张的气氛也愈发浓厚。我觉得很讽刺的是，我们身处西伯利亚中心，周围是一望无际的冻原和森林，然而我们却像挤在玻璃罐头里一样！我的应对措施是专注于四周大地的丰富质感，专注于天气的变化和百看不厌的人们。这些似乎能让我平静下来，忽略拥挤的环境和食物、睡眠的匮乏。接近河流尽头的时候，河面已经有大概36英里宽了。我们对水往什么方向流基本没什么概念。当风从北边吹来，我们只能把船头迎向潮水，希望能够保持前进的方向。我们经常被潮水推回上游。河边的土地是无穷无尽的冻原，饱经风霜的棕色大地在我们旅程结束时已经装点上了白雪。我们在叶尼塞湾①结束了旅程，来到一个住了几户涅涅茨②驯鹿牧人的小岛。他们把我们带到沙滩上，那里有散落的人骨从沙地里露出来——二战期间，斯大林把成百上千名德意志族人从伏尔加河流放到西伯利亚。那些就是死在当地的流放者的遗骨。

奥利·惠特尔

划独木舟沿湄公河而下。

那时我是一个在伦敦工作的管理咨询师，装作自己赚很多钱，装作自己很重要，装作自己比一般人要聪明。现实中我既不富有也不重要，更没那么聪明，而且身边围绕着一大堆不快乐的人。

我花了不少时间才找到人卖独木舟给我。每一个会说英语的人都叫我去买张旅游船的船票。“为什么啊？你不需要独木舟，你可以坐旅游船啊。”是啊，我可以，但那不是重点，对吧？那时我感觉他们很难理解我的想法，也感觉自己确实有点像在蜜罐里泡大了——好像你得在生活中经历过足够的舒适，才会去主动追求困难、危险，还有冒险！

不管怎样，我找到了一个渔民，动用了之前别人帮忙写在笔记本上的一个翻译，他明白过来，我真的想要买一艘属于自己的独

① 叶尼塞湾（Yenisei Gulf）：位于北冰洋喀拉海南岸，俄罗斯泰梅尔半岛与格丹半岛之间。

② 涅涅茨人（Nenets）：是俄罗斯北方极地区域的原住民族群之一，多以捕鱼、打猎和驯养驯鹿为生。

木舟。我报了80美元，他还价要200，最后我们以155美元成交，还附赠了一把免费的木桨。我也加了几瓶啤酒好说服他，他帮我把船先安顿好（那是他船队里最弱的一条船）。至今这仍是我花得最值的一百多块钱！

之后我只需要几个装东西的桶和把它们绑在独木舟上的绳子。我花了20美元买这些东西，又买了些米和罐头鱼。所以整个旅程花了我不到200美元（帐篷和炉子我已经有了）。

我原想这会是一次耐力冒险的壮举。我可能需要用坚定的意志，对付一条无趣的河流上日复一日的单调生活，但很快我就发现，这是一趟分分钟有惊喜的旅程。河中时有激流，我得不停努力让船头保持向前，并且避开岩石。

“最棒的一点是，你只身处于一条强大的河流中，每一处河岸都是喧闹的密林，生机勃勃。那种美无与伦比。”

很快我就发现，河流才是掌控者，而我不是。我可以尝试决定前进的路线，但只有得到河流允许，我才能按路线走。一切都由河流说了算。

但最棒的一点是，你只身处于一条强大的河流中，每一处河岸都是喧闹的密林；一切生机勃勃，作为河流天然的一部分活在这个宇宙里。那种美无与伦比。我感觉这个星球仿佛是完美的，我的人生中不再需要其他事物。一切尽在此刻。我永远不会忘记那种感受。

罗伯特·特维格

乘着自制的桦皮独木舟穿越落基山脉。

一次好的探险，需要有被我一个朋友称为“亮点”的东西。比如说乘着桦皮独木舟穿越加拿大虽是不错的，但跟着一位从前的探险家去，你就有了亮点；徒步穿越沙漠也挺好，但加上一种新的交通工具——一个拖车——你就有了亮点；去撒哈拉沙漠找圣埃克斯佩里[①]的坠机地点也行，但徒步重复他的旅程就是一个亮点。

不主动进入荒野的当地人是世界上最胆小的胆小鬼。绿洲的居民会谈论沙漠的可怕之处，直到你害怕得根本不敢远离绿洲超过一英里。没有正经到过荒野的加拿大人（比如说，只会开着巨大的房车去的那些人）会谈论熊或者其他各种各样的危险。真正的当地狩猎专家才是你能依靠的人。只是有时候，你会碰上假装专家的屁话王。最好的建议来自你在真正的偏远荒野里遇到的那些人——在那里现身就足以证明，他们知道自己在说什么。

负面的说法是哪里都会有的。如果没人来跟我说我的旅程不可能实现，我都不觉得自己已经准备就绪。有人这么一说，我就知道自己一定能够做到！只会说泄气话的人不知道这是下意识的行为，而我的回应就是自动自觉地不把他们的话当一回事。

当你身处沙漠的时候，你唯一能想到的就是离开；而当你身处绿洲的时候，你唯一

---

① 圣埃克斯佩里（Antoine de Saint-Exupéry）：法国作家和最早的一批飞行员之一。著有《小王子》《夜航》《风沙星辰》等著名作品。1935年曾在利比亚沙漠坠机，与同行导航员在沙漠中跋涉四天后获救。二战期间于一次飞行任务中失踪，一般认为是遭德军袭击坠机遇难。

能想到的就是回到沙漠中去。男人是无法冷静下来的野兽！独木舟划行或者徒步旅行会让你自然而然地止住任何冲动的欲望，所以我不太能感觉到那种冲动。我相信自主安排的冒险是个人成长、发展判断力和了解世界的最好方式。

蒂姆·霍宾

乘着价值50英镑的充气皮艇在恒河泛舟。

我的计划很简单：在eBay上花50英镑买个充气橡皮艇，跳上一架去印度的飞机，然后在赫尔德瓦尔[①]和瓦拉那西[②]之间的河段划船。那是属于我自己的恒河奉献[③]，一种现代的圣河巡礼。还有什么能出错呢？

互联网上没有太多这类旅行的资料，所以我带上自己的二手充气皮艇，到本地的运河上上下下划了大概一小时，把艇重新收好，然后回家，勾掉“训练及测试”的任务。很简单，真的。

我的单人恒河之旅全程共600英里，历时26天。它花了我750英镑，其中包括机票和所有装备的费用。

在水上度过几周之后，你开始真正了解河流的天性；知道某些水波纹意味着什么，知道哪里的水下可能有沙床。你会经历一群恒河豚在船四周游泳的时刻，也会看见岸边的凶恶鳄鱼仿佛正朝你露出慈祥的微笑。孩子们会大呼小叫地跟我打招呼，或者游过来截住我。没有游客这样旅行过，所以旅程中一直有种冒险的感觉。真的太神奇了！

这次旅行的起因，是我喜欢想出一些单人冒险的点子。点子最好不需要知识或者技术也能成功，也不会太危险。我现在已经51岁了，没剩多少年来为遥远的冒险学习相关知识！我那时在寻找能独立进行的探险活动，既要能让我离开舒适区，感受到兴奋和冒险性，但又不至于离舒适区太远，以至于我无法享受旅程。

而这次冒险给了我信心，让我明白，即使年过半百，你也能每天努力工作8-10个小时，如此坚持一个月。这样我就知道，自己仍然可以靠着个人的力量到达世界上一些偏远地区。真正局限着人的，是他们自认为有能力做的事，而不是他们真正能做到的事。

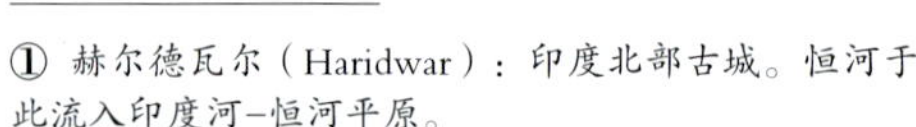

① 赫尔德瓦尔（Haridwar）：印度北部古城。恒河于此流入印度河-恒河平原。

② 瓦拉纳西（Varanasi）：印度东北部古城。是恒河流经的圣城之一，位于赫尔德瓦尔下游。

③ 恒河奉献（Ganga Yatra）：Yatra 在印度教及其他印度宗教中指到圣地或圣河（如恒河）朝圣巡礼。

让这次冒险从梦想变成现实很简单，真的。我生出了这个念头，然后没有对这样一趟旅程可能会有什么好处和坏处有太多考虑，我直接开始计划自己需要什么装备。我也有到网络上尽可能地做调查，因为我知道路上会有很多自己无法预见的未知因素。

马克·考尔克

曾在亚马孙河、伏尔加河、密苏里河-密西西比河划皮艇旅行。

有时我会忘记，22000英里差不多能绕地球一圈了。当我从划船的角度思考时，我会想："啊，确实是很长的路程了。"旅程中很多时候，划皮艇来都不轻松，很大一部分的旅程还挺难的。但这个项目很有趣，我甚至还没完成一半。目前我划过的三条大河分别是伏尔加河、密苏里河-密西西比河还有亚马孙河。我想这三条河之间的差异非常显著。亚马孙河下游是大型船只的"高速公路"，但给人的感觉还是相当的偏远。密苏里河和密西西比河却不是这样。进行了越来越多这样的河流冒险以后，我变得没那么注重让自己远离人群。我想，不管是独处还是身处人群中间都可以是件好事。

一开始的时候，亚马孙河之旅是一次大型冒险的机会，我可以借机获得赞助，向世人展示我的冒险有多么的硬派。但现在，七八年过去了，做个藐视死亡的冒险人士基本上已经不再是我做这些事的理由。现在我做任何事，都是因为自己想去做。

要是还有其他人尝试在世界上最长的七条河流上泛舟，他真是好样的，但这样做绝对会影响旅程的体验。老实说，这样的冒险只会给我压力。可以这么说，这种像是被狼追赶的感觉会让我觉得很沉重，我不喜欢这种感觉。我只想到河里划船，而不是比赛。这让我有一段时间都在考虑到各大洲上第二长的河流泛舟——也许我该去进行那个项目才对。我能有同样美妙的经历，也不用因为别人考虑同样的项目而感到恐惧。那不是一种愉快的感觉。

亚马孙河之旅对我人生方向的影响是很大的。有很多很多次，我都觉得我们要挂掉了。我哭了不止一次——我想应该是两次吧，实话说。

感觉确实就像是我们共同经历了一趟旅程，旅程的开头艰难得近乎荒谬，但最后我们成功抵达了终点。这样的经历肯定会在某些方面改变你。其中很重要的，就是让人明白一点：如果你不去做一件事情，如果你不亲自去做某件事情，那么那件事就不会发生。

我们晚上扎营的时候就坐在激流的上方，水流的声音如此响亮，甚至天完全黑透了以后，水声还是那么响，你根本听不到别的声音。河流两边都是陡峭的峡谷悬崖，即使你有攀登装备也没法爬出去。所以你面对着这样一个事实，就是要离开那里生存下去，你必须得渡过这段激流。如果你不这么做，就只能待在那里等死。或者你可以下水，看看自己渡过激流之后会发生什么。这可不是说我现在坐在布宜诺斯艾利斯的空调公寓里，除了上网啥都没干！

杰森·刘易斯

花了13年全靠人力环球航行。

我想重点是要让自己沉浸于户外体验。在20世纪90年代初期，科技并不是探险过程中的关键因素。我还记得自己靠着一个六分仪横渡大西洋，没有GPS，没有卫星电话，所以是真的完全沉浸在那个环境里。然后数码时代来了，现在你几乎是必须时刻连着互联网。然后你就好像亏欠了这些技术一样，要惦记着用太阳能板给它们充电，要操心数不胜数的信息更新。突然之间，这些技术就成了一只只完全不同的怪兽，你也不再跟环境有所联系了。你是在更新跟自己身处的环境有关的博客，不再是享受这个环境。如果要我给首次冒险的人什么建议，我会说，去之前省出钱来，别考虑以此为生，最理想的状态是别带什么高科技设备，最好是除了带个相机照照相就没别的东西需要充电。尽可能地简单一点。

我的第一次渡海是一次真正沉浸在野性世界里的体验。作为一个20来岁、一心只想着避世的男人，离开英国这个寒冷潮湿的岛屿就是我所需要的。经历过那种40天40夜的旅程之后，你终于能真正地把陆地忘却掉。你不再怀念陆地上的一切，这时你才能真正地投入到船上的世界里来。活在当下，活在此时此地——我觉得这样的经历让人获益良多，非常愉悦，也滋养精神。哪怕还要划船（对我们来说就是划划桨而已），你也能更沉浸于当下，整个过程变得像一次冥想。但当手上有什么科技手段让你时刻想着更新博客的时候，你是做不到这样的。

你不需要成为攀岩专家，不需要有数百小时的洞穴探险经验或者游艇经验之类的。任何一个傻子都能搞辆自行车或者坐上一艘桨船，横渡一片海洋，或者穿越一片大陆。

肖恩·康威①

游泳纵向穿越英国。

我不是一个特别自信的年轻人。读书的时候我个子很小，真的很小，又是在南非那种搞橄榄球活动的大型高中长大的。这就意味着如果你个头不大，根本就不会有在体育活动中出彩的机会。所以我只是喜欢尝试一点自己没做过的事情，然后通过训练一步一步锻炼自己，并记录下这个过程，你明白吧？

我进步得也很慢。我在泳池里第一次训练，就因为隔壁泳道的游泳者带起的浪“晕船”了。你首先要想到冒险的点子，不过这个点子对我来说真的挺难的，因为我很难找到有用的建议。如果你上网搜索“肖恩·康威游泳穿越英国论坛”，里面会有很多消极

---

① 肖恩·康威于2013年从英国南端的兰兹角出发，游泳穿过不列颠岛与爱尔兰岛之间的海域抵达北段的约翰欧格罗兹村。

WRSI
ARK
Kokatat
GARMIN
goya
Teva
AMAZON WATCH

的说法。很多人觉得这只是一次公关炒作，很多人只会想：“啊，这个真的太蠢了，我才不会回你邮件。”

而我还得找一个团队。我之后找到了四个很棒的团队成员，他们都相信我能成功。然后就是路线、食物、要用到的船等后勤问题，你只能试着去问愿意帮助你的人。（我后来才知道肖恩是在酒吧时通过手机上的网购app买下了那条老旧的支援船——他买的时候压根连船都没见过！）

我不会跟你说假话，成功完成一次“世界首度”的冒险，一件没有任何人做过的事——我想说自己没想过这些话那一定在说谎。我就想跟人说：“是啊，你猜怎样？我确实做到了，那些说我做不到的人：自打脸了吧！”

一方面，我也真的很想讲述自己的故事和启发他人，或者从事一些类似的活动。另一方面作为一名职业冒险家，这近乎自相矛盾，因为冒险家的意义就在于挑战自我，并且成功从险境中脱身。但要成为一个职业冒险家，你得时刻身处险境之中（而且还要花时间在电脑前，把你的故事分享到网络上）。

杰米·鲍尔比-惠庭

曾划着一艘“垃圾筏”在多瑙河中航行。

旅行前我只存起了几百英镑，但我迫切希望能到野外去探索。我们到处问人，直到有人给了我们8个200升的圆桶，几块旧告示牌，和一些塑料告示板：这些都是被人丢弃的物料。我一直梦想着要当一名海盗，于是我们把这些零碎物资组装成了一艘可循环利用的海盗船，到多瑙河顺流漂了几星期。每一个白天我们游泳、阅读、享受阳光。每一个晚上我们把筏子拖到河岸上，用看起来取之不尽的浮木生火做饭。我们在筏上待了几周，穿过斯洛伐克和匈牙利。经过这次旅程之后，我只想要更多，更多的冒险，更多在野外度过的夜晚，更多关于我生命中每一天的记忆。一旦你知道世界何等美妙，知道大多数人觉得不可能的经历实现起来有多么容易，世界就成了一个激动人心的地方。

亨里克·弗雷德里克森

乘筏在亚马孙河漂流。

一天晚上，我们几个人坐下来，开始为乘筏漂流亚马孙河进行初步的计算。我们坐在一起，整理了几个Excel表格，上面的信息有筏子的重量、亚马孙河的流速、我们需要多少的浮力、我们要怎么建筏，还有更多基础的调研。不到两个钟头，我们相视而笑，说："这事应该能成，有机会能成。"然后我们差不多就是说："好吧，我们至少试试；我们一起努力一下，看看能不能就这样出发。"

我们从厄瓜多尔一个小镇出发，那里地处亚马孙雨林非常靠西的地方。我们跟很多垃圾场里的人聊过，找到一些金属废料和其他各种各样有趣的东西。单单建筏已经是一次十分美妙的经历。筏子没花多少钱就造好了。我想我们在筏子上花了大概1500美元吧，那还是两个人分担的。

旅途刚开始时，把所有准备工作做好是个很大的挑战。之后我们也有些害怕，怕出发以后不知道会发生什么事。这时候，事情就变得有点可怕了。冒险肯定是有不少恐惧的成分在里面的。

这是一次特别特别疯狂的冒险，因为我们既没有桨也没有引擎，什么都没有，只有几根长竿子。我们想着可以用它们来撑撑船，或者离岸太近的时候可以用来把筏子推回河中心去。结果因为筏子本身很重，我们其实没法用那两根竿子控制它的方向。所以冒险的第一天非常混乱，但那种感觉非常疯狂，非常狂野。我们站在筏子上把它推离岸边，想着："好吧，我希望一切顺利。希望我们别迷路了或者卡在丛林里了。"不过，能看着筏子浮在水面上，缓缓地随河水漂流，那也是一种非常非常美妙的感觉。

通常我们晚上会把筏子停好，第二天日出醒来后再开始继续漂流。我们会在筏子上钓鱼、下棋、做饭、拍照、冥想，做各种各样的事情，度过了很多美好时光。我们想办法做了几个桨，用来避开树桩和河岸。旅程的第一个月中，用桨来避免筏子撞树特别花费功夫，而且有些时候河道的水位很低，筏

子会搁浅在近岸的浅滩上。

过了第一个月，我们给筏子买了个引擎，因为亚马孙河上有很多集装箱船往来，筏子完全不受控制的话实在危险。事情因此变得轻松了一点，但除非要撞上什么东西，否则我们也不太用桨和引擎。一天的大部分时间，筏子会默无声息地顺着河水漂流，穿过未曾有人踏足过的荒野。

旅途如此美妙。每一天，我们在美丽的日出中醒来，在美丽得难以置信的日落中睡去。你一整天都会听到丛林中各种美妙的声响。它们来自昆虫，来自鸟儿和吼叫的猴子。大自然的每一部分都如此特别，而又是丛林应有的样子。那里的植被完全没有人为干扰的痕迹。在到达流域下游，进入巴西腹地以前，我们都没有看到砍伐造成的大片空地之类的情况。

我们常常在白天把筏子停靠在河岸，然后直接走进这些偏远的丛林。我们直接走进这无穷无尽的丛林，置身于不曾有人踏足过的狂野的绿荫之中，心中明白自己可能是第一个踏足这些土地的人类。那是一种无比狂野的感觉。

每当我们到达一个城镇，我们会买一点啤酒。但我们也喝家酿的蒸馏酒。这种蒸馏酒我们会大量买进，每次可能要买上一加仑。这样我们自己有得喝，同时这些酒也是很有价值的货物，可以用来跟沿岸的居民交换东西。他们很想跟我们换酒喝。

接下来这些我本不想说的。但随着旅程深入，在我们进入了巴西境内的亚马孙流域之后，情况就变得危险多了，比我原来想象的要更危险。我想我们俩都低估了这个风险。我是说，确实有过很多当地人跟我们说那边有海盗和毒贩，那些人会杀了我们，事情会变的非常非常可怕和危险。但我们俩都没太当回事。我想，旅行了那么多年之后，我们俩都习惯了人们为星球上的每一件事给我们警告。而多年的骑行环游世界的经历，让我看见的是世上并没有那么危险、暴力和邪恶，所以我觉得我们都对这种经常出现的警告免疫了。但问题是，在亚马孙流域，这些警告似乎是真的。

当旅程结束，当你应该欢呼说“喔哦哦，我们成功了，我真不敢相信”的时候，你会愣愣地站在那里，安静地想：“唔，这就是终点了。”这真是一种古怪的感觉。之后，慢慢地，整件事情会倾泻到你头上，你开始想着所有发生过的事情，想着所有的经历，然后，你开始每十分钟就忍不住笑出声来。

戴夫·科恩斯怀特

顺着密西西比河游了1000英里。

我喜欢河流之旅。我曾在河流里划皮艇，划冲浪板（一种站立在冲浪板上划桨的运动），也曾在里面游泳。沿着一条大河进行从源头到大海的旅程，基本上就是我能想到的最接近完美的冒险了。旅程的每一阶段都让你对下一阶段做好准备，而你则与水路分享着旅程。

我热爱水上冒险的理由有几个。水路永远不会天天一个样，它们充满力量，奔腾不息——只要有足够时间，哪怕小小溪流也能移动山岳——并且它们也常常流经多姿多彩的景色。而我也觉得荒野给人带来的平和、宁静。还有，人与自然的联系在附近有水面时会更上一层楼（这对海洋也适用）。水流考验你的应对能力（白浪与激流）和意志力（低流量、湖泊、逆风），它始终是一个伟大的挑战——你在水上时是没法说停就停的！在河上还有一个好处是不会迷路！

当我开始那次游泳冒险时，我不会游泳，但到冒险结束时我就游得跟条鱼一样！不过我强烈建议，任何打算进行类似冒险的人还是在开始前先学会游泳吧！有些装备对游泳会有帮助，鼻夹会让长时间游泳时的呼吸更轻松，也能避免你呛水，而耳塞可以避免耳道长时间接触河水。如果你要拖上一只装了装备的筏子，最好用腰部拖绳[①]。

① 腰部拖绳（waist-mounted towline）：一般是腰包形状，包里连着拖拽用的纤绳。腰包腰带较宽，能很好地分散压力。

安全当然是头等大事，因此不管你是否独行，都要尽可能让自己容易被机动船只看见。如果你打算旅行的河道有繁忙航运或者经常有汽艇出现，你应该考虑穿上手蹼和脚蹼，让自己能更快避开危险。

莎拉·奥滕

独自划船横渡过多片海洋。

我的第一次大冒险是独自划船横渡印度洋。我尝试了两次，在第二回用了4个月时间从澳大利亚划到毛里求斯。第一次尝试我基本就是用10天时间绕了一个400英里的大圈回到陆地，因为天气还有其他各种问题让旅程变得复杂莫测。

> “不用一开始就拥有高水平的经验或技能。你可以一边上路一边学。”

你不需要成为划船好手后才去进行海洋划船冒险。我想，最重要的事是有能力在具有挑战性的环境中调整好自己，设法驾驭好私务，让事情可以继续推进。所以更多情况下，取决于你的航海技术。我经常跟人说，不用一开始就拥有高水平的经验或技能，你可以一边行进一边学。找那些有经验和知识，同时也乐意分享的人。他们会给你提供学习的环境，允许你问问题、犯错，也会给你提供一些支持。

当时我说我想划船横渡印度洋，还说“我会用三年做成这件事”。那时我才21岁，心中因为父亲去世而悲痛不已。要克服困难做成一件事情，感觉还是很严峻而且令人生畏的，特别是像划船横渡海洋这样的事，毕竟你要亲自出海。海洋是个毫不留情的场所，一旦你搞砸了，后果不堪设想。所以你要做好万全的准备。另一方面，这种冒险所费甚巨，这同样令人却步。

斯万·雅文

驾着一艘10英尺长的小船，在非洲和南美洲以南不间断地环球航行，以此庆祝他成为小船船手50周年。

这趟旅程很艰难，会花掉我600到800天时间。过程中我不会碰到陆地，无法从任何地方获得补给。我享受航海，也享受生命，所以没问题的。整个航程大概30000英里，航速是两节①。我会在船上装880磅的食物，每天摄取1500个大卡。我会带200磅的数学书，还有法语和德语书籍：这些书读起来更花时间。

我不喜欢制造大物件的人。船还有其他所有东西都变得越来越大，这样耗费了我们珍贵的资源，我是个理想主义者。还有，我只负担得起这样的（一艘小船），一艘更大的船也不会让我快乐。我不是多么有冒险精神的人，我的航行是对生活问题的实用解决方案。我有严重的读写障碍，以前老师都会揍我，我在学校成绩也很差。我人很坚强，但生活中一直没法取得进步，所以把一艘便宜的小船当作我的家，开着它出海，这就是我的答案。我不用付房租，也可以去看看世界，学到知识，我内心充满好奇。现在我靠一小笔退休金过日子。我会进行这次旅程，也许还得卖几本书，谁知道下一次旅程是什么时候呢？

1980年的时候，我自东向西航行绕过合恩角，那是“困难模式”的冒险。当时是冬天，我的船是铝制的，里面没有暖气，我冷极了。旅程非常艰难，大部分时间天都是黑的，所以只靠着六分仪导航非常困难。我每次只能专注一小时，就为了生存。我一边继续前进，一边告诫自己：“别左顾右盼，别回头。”我想让人们看看小船可以做到什么程度的事情。

旅途中除了书，我没有任何娱乐项目，也没有电台。我尝试着更多地去体会一只动物的心情。旅途中的生活非常单纯，那样的感觉很不错。时间过去得那么快，忽然之间，有一天旅程就结束了。我没有给自己时间方面的压力，这样我就能享受旅程的每一个阶段。旅行时你不能操之过急。如果你想做好一件事情，或者获得最好的结果，那就不能匆匆忙忙的。

我照顾好自己的身体。我一周锻炼两次，每次长跑90分钟。我每天只吃两顿饭，这样就不会发胖。如果你在锻炼身体，你就同时在照顾自己的精神。“舒适区”才是生活的问题所在。设想一下，你在一个下雨的清晨醒来，雨敲打着你的窗户——留在舒服的床上当然比在雨中散步要轻松。但晚上你会想“多么无聊的一天啊”。反过来说，如果你动身，如果你起床去雨中走走，那你就会在回顾这一天的时候想“多么美妙的一天啊”。舒适真是一件坏事，我们总是在为舒适努力，但它却会杀死你。

瑞安·曼瑟

曾划船横渡大西洋，曾在冰岛和马达加斯加划艇。

你知道，横渡海洋意味着从一片极大的陆地到达另一片极大的陆地。那就是我从非

① 航速节：海船的航速单位，1节等于1海里/小时，即1852千米/小时。

洲划船去纽约时想要做的，我不想后悔。我曾有幸去过这个星球上一些特别有异国情调的地方。现在回顾过去，我意识到旅行本身就是吸引我像飞蛾扑火一样投身冒险的东西。人们喜欢看的只是我们曾在加那利群岛停留，然后在巴哈马群岛停留。而那里是克里斯托弗·哥伦布1492年登陆的地方。而我喜欢的是看到史坦尼尔礁[①]那些会游泳的猪。

人们都说："嘿，干得好啊。你们成功划船横渡了一大片水域，这一定很有趣吧？"对我来说划船的部分很无趣。有趣的是旅程终于结束了，而我有个故事可讲。

哈利·吉尼斯

在波罗的海航海冒险。

我们从丹麦航行到法国海岸，然后顺利通过比斯开湾。那里是整个旅程最精彩的部分。

尽管天气预报没说，我们还是碰上了大浪和七级大风。我们升了全部的帆，以差不多十节的航速前进，海豚在我们船边嬉戏。晚上我们就是海中仅有的活物，自己一个人待在甲板上，周围是足以杀死你的大浪，脚下是10000英尺深的水，天空中是数不清的星辰，还有一场流星雨正在落下，这样的情景确实让人折服！

巴里·海耶斯

划船横渡太平洋。

当时正是凌晨，我从酒吧走路回家，迷迷糊糊地盯着自己的手机，压根儿没留意地面，也没留意我经常在回家路上撞上的树篱。我当时在一点一点地读阿拉斯泰尔的博客更新，里面提到一个叫菲利普的疯子正打算组建一支队伍划船横渡太平洋。我特别被其中一句话吸引："你不需要有划船经验。"

"太完美了，"我想，"我这辈子还没划过船呢。"然后我就提交了申请。

非常长的话短说：在数百份申请里，我成功入选了。菲利普和我又多找了两个人和一条船，一起参加了在世界第一大洋上举办的首次划船竞速比赛。我们几个人一起划船横渡了太平洋，得了第二名，创下了两项世界纪录——我们是七艘成功完成横渡的船只之一。

你也许确切地知道自己想得到什么，但更常见的是，你还不知道自己想做什么，只知道自己是想做点惊天大事。睁开你的双眼，别害怕失败。我不过是一个收发室员工，只是没有理会那些唱反调的人，把自己的每一份决心都投入去做了一件酷酷的事情。任何人都能做到我做的事。你也能做到，你还能做到更多。这世上还有划船横渡海洋的退休老人和残障人士。他们共有的一点就是实现梦想的决心。

当我参加这个划船项目的时候，我跟一个叫约翰·汉斯科尔的家伙交上了朋友。他曾划着一艘木船横渡了大西洋。他给我看一首叫《破折号》的诗，里面说的是人们看着一块墓碑，他们关注的是出生和死亡的日期。诗中说这些日期无关要紧，唯一重要的是日期中间的破折号。

所以，你要为自己的破折号做些什么呢？

---

① 史坦尼尔礁（Staniel Cay）：位于巴哈马的埃克苏马群岛，当地的野化家猪以会在海里游泳闻名。

水路的冒险总是很诱人。寻找冒险点子的人最好留心听听戴夫的提议：在一条大河进行从源头到入海口的旅行，这基本就近乎完美了。而眺望大海，想象着自己横渡眼前的海域，这份冲动想必也如好奇心以及人性一般古老。

“水路的冒险总是很诱人。眺望大海，想象着自己横渡眼前的海域，这份冲动想必也如好奇心以及人性一般古老。”

然而，横渡海洋是一场昂贵的游戏，花销当然也比本书中常常提到的1000英镑要贵得多。海洋船手莎拉确认了这一点。她也比较喜欢更便宜、更简单的旅行，但她被划船横渡海洋的想法深深地迷住了，即使要煞费苦心去筹款也觉得值得。你得获得激励才能成功完成这样一次探险。我常常在思考，那些愿意为筹备这样一个旅程而辛苦工作的人拥有怎样的本性。这样一趟旅程，准备的时间甚至比旅程本身还要长。我这样草率、没耐性的人会更倾向于明天就能出发，但可以持续很长时间的冒险。要想在海洋冒险取得成功，需要大量的计划和学习新的技能，需要你能享受整个项目，而不只是喜欢旅程最后在船上玩的部分。莎拉也承认，要完成像划船渡海这样的大冒险可能让人心生畏惧。但探险老手斯万鼓励我们去尝试考验胆量的、困难的冒险，对抗总是追求舒适的社会。“舒适会杀死你！”在回应推特上一份征求队友划船横渡太平洋的广告之后，巴里也赞同这样的看法，“抓住送到你面前的机会，不管那个机会有多渺茫。把你自己挪到舒适区外面去。”

还有，一如既往地，你要记住一点：人人都要从某个地方起步。杰森指出：“任何一个傻子都能上一艘船，然后横渡海洋。”这份简洁吸引了他。莎拉保证说你不需要成为一个专业船手来划船横渡海洋，她主张向其他人寻求帮助，保持愿意学习的心态。

划船横渡海洋确实不适合胆小的人（我45天的海上旅程是这辈子最艰难，但收获最丰富的冒险）。瑞安觉得“99.9%的时间都是精神折磨”，而莎拉提醒我们“如果你搞砸了，后果会很严重”。

对瑞安来说，向终点进发的部分最有趣，詹姆斯也在前面一点的章节持同样的观点。他高兴地回忆起在海上度过110天后划船进入海港的情景。

不过，海洋旅行也不全是准备工作和Ⅱ型乐趣。斯万喜欢冒险生活中那种令人愉悦的单纯。莎拉喜欢一个人在海上待好多个月，沉浸在那种环境里。如果你愿意承受海洋划艇活动的艰辛，就必能获得相应的报偿。

水路的诱惑和挑战并不只是来自海洋。我们的很多受访者在河流中进行过冒险，这些旅程也在可支付的范围内。

对水路的热爱和长途旅行带来的挑战也许是河流冒险和海洋冒险共有的，但实际上，两者非常不一样。最大的区别就是虽然旅程都在水上，但河流冒险会经过不断变化的地形和风景。在亚马孙河漂流的时候，亨里克喜欢与原住民相遇，划着独木舟同他们交谈和交易。这跟在海上独自度过几个月是完全不同的体验。蒂姆划着他50英镑买来的皮艇冒险，同样也很享受每天和孩子们进行交谈。

河流冒险可以让你选择自己体力付出的程度。戴夫在河里游了1000英里，他的旅程非常艰辛，而马克的探险也有一些阶段格外艰难。但亨里克就是温和地漂流，享受缓慢的旅行节奏，这意味着他可以非常细致地享受每一小段旅程。罗伯特也对他缓慢的独木舟之旅做出了评价。他喜欢那一趟旅程，因为它平息了自己仓促行事的冲动。

这并不意味着河流旅程更简单。罗伯特的独木舟之旅全程都很艰辛。而奥利作为一个新人桨手，差点一出发“就搞砸了”。蒂姆觉得最大的挑战是幽闭恐惧，他和其他几个人不得不一起困在船上的狭小空间里很长一段时间。而亨里克则低估了在亚马孙河漂流的危险。

然而，在这些大相径庭的有关河流的故事中，有一件事是一样的：每个人在想起过去这些旅程时，都怀着极大的满足感。

机动车
MOTOR

我不曾进行过正经的机动车冒险。我个人更喜欢的方式是使用人力，对体力有所要求，并且要有受虐感。我常常会觉得，如果自己在享受旅行的乐趣，那我就是在度假，而不是在冒险。当然，不是每个人的口味都这样。事实上，我完全能理解为什么你会说这样的冒险方式太蠢。不管是西伯利亚和努那武特[1]开的雪地车，还是在冰岛或者非洲开的路虎越野车，我都觉得这些机动车十分好玩。

我当然看得出来，开着自己的机动交通工具到世界上冒险是多么的自由和有趣。我曾经在菲律宾坐在满载的公交车顶上，在南非搭便车坐上了一辆装满啤酒的皮卡，一路坐到了维多利亚大瀑布，我也曾经在印度、中国和安第斯山脉地区冒着生命危险，坐过疯狂司机开的大巴。我也有过快乐的搭便车时光，坐到潘普洛纳[2]去和奔牛节的牛一起奔跑，还有赶到马拉维湖去看日出。但拥有自己的摩托车或者汽车，意味着你不再受模糊不清的公交时间表影响，不必担心火车上的扒手，不用担心缺乏睡眠的疯狂大巴司机，以及他们那些既难听又吵人的流行音乐。

的确，一个开摩托车的人可以理直气壮地反驳我说，骑行环游世界只不过是一个傻子的运动，比不上开车的自由和乐趣，比不上暖风拂面、世界触手可及的感觉。

你的冒险工具也许是一辆大摩托，也许是辆摩托小三轮，是送比萨的外卖小摩托，或者是一辆伦敦出租车。但那些驾驶机动车冒险的故事都有几个共同点：你可以用比较少的预算

① 努纳武特（Nunavut）：努纳武特地区位于加拿大北极地区，是加拿大最新和面积最大的特别行政区，大部分人口为因纽特人原住民。

② 潘普洛纳（Pamplona）：西班牙东北部城市，以奔牛节闻名。

就完成一场大冒险，也不需要成为修车专家。你有在这个星球漫步的全部自由，而且旅途中充满了乐趣。如果这样的旅行吸引你，那我劝你考虑只身来一次机动车冒险。

来自其他冒险者的智慧箴言

奥斯丁·文斯

曾骑着摩托车环游世界。

我曾经驾车环游世界，但我不觉得自己是个摩托迷或者“车手”。我对摩托车没有丝毫兴趣，也几乎读不进现在的摩托车报刊。但骑摩托车还是非常有趣的。

再加上它增加了四处旅行的机会，这真的能让人心潮澎湃。把你的摩托车骑上一条没有铺路面的破败小道，更是五倍的惊险刺激。

我想，在和朋友、家人分享旅途经历方面，推特、博客等平台的作用是不错的。然而，如果你觉得自己做的事很特别，那你应该好好拍个电影或者写一本书。在旅程结束以后，这些媒介能让回忆延续更长时间。为你的冒险拍摄电影是一个很高的要求，但如果你准备好不断付出努力，结果还是值得的。

利亚姆·马丁

曾骑着一辆送比萨的外卖小摩托穿越欧洲。

我们都是乐手，同在一家音像店里工作。大家都对工作有点厌烦，就像你也会厌烦重复性的工作一样。我们会互相开玩笑说要做点疯狂的事，或者休一个属于乐手的长假之类的事情。我们的老板会跟我们一起开玩笑，说“你们不会去的，你们不会辞职”，因为那像是抽大麻时的愚蠢幻梦，尽管它听起来也不是多么野心勃勃。我们那时没有打算要徒步环游世界或者做什么很困难的事，只是很迷恋那种浪漫，很沉迷于这种辞职去干大蠢事的想法。

杰米是最后一个确定要去的人，虽然主意是他出的。因为他说这件事的时候，还只是开开玩笑，不是来真的。但我和邦都刚买了摩托车，开始对这个主意非常感兴趣。最终我们都弄到了车，但都没有决定真的要去冒险。我们踌躇了好一阵子，有人开始想退出，说些像“的确，这事蠢透了”，“我得去做，我得去做这件事”，“我已经有一份工作了，我已经有个乐队了”这样的话。然后另外两个人会肩负起鼓动的角色。我们仨的角色时不时互换，每个人都有过差点就甩手不干了的情况。

就这样过了两个月，我们开了个小会。我召集了所有人到我家里，放了张地图在屏幕上。我们基本上就是决定了如果要冒险，第二天就得大家同时提交离职申请。这对音像店来说可不是什么好事！之后事情就像是这几句话：“我们都走到这一步了，必须得去”，“现在才退出就太没劲了”于是我们第二天上班的时候就一起提交了离职申请。

我们的顾虑之一，是一上路就会被杀掉。我们心里老想着“你会死掉的，你会死掉的”之类的话。这是挺常见的反应。辞职则是另一回事。工作本身并不有趣，我们也没什么职业生涯可言。但考虑到旅行要花掉多少钱，我们中也没有一个能有钱到做这种决定也无所谓。那个回来以后一无所有的念

R924
HYS

IS
VM-
D96

头，那种恐惧绝对是真实的。

我们的生活在旅程之后就改变了。那是改变的催化剂，因为回到家时，我们的想法已经跟出发时大不相同。所以从这个角度讲，我觉得旅程的影响非常积极，它丰富了我们的人生，就有点像是下面这句话：“现在我能真正呼吸了，不再被困于碌碌的日常当中。”

保罗·亚彻

开着一辆伦敦的黑色出租车环游世界。

我和两个大学同学觉得，开着一辆伦敦出租车到澳大利亚，打破世界最长出租车旅行的纪录会很有趣。我们从考文特花园出发，开着一辆花1200英镑从eBay上买来的出租车。它一路上都在不停地抛锚。

旅程从一个酒吧开始，当然我们一路上也经过了好些个酒吧。那一次旅程的路线是为乐趣而设计的，不是为了历练。那是一场三个老朋友开着一辆滑稽至极的车一起进行的冒险。

我们决定了要动身，于是告诉其他人，我们要上路了。但没人相信我们。我们把出租车重新组装起来，做了一点改装，但实际上大家都不知道自己在干吗，总之就这么糊弄过去，然后我们就出发了。

在做计划和不做计划之间，有一个非常微妙的平衡。有些事情你还是要计划一下的，特别是关于车的事情。你得搞定后勤工作。行程上你也会有必须去的国家，因为签证限制或者遇到了一些人或者别的诸如此类的问题。

如果你看地图，你会发现自己可以从法国开车到新加坡，途中不需要乘船或者走海运。海运车辆才是真正要花大钱的地方。基本上，只要你不去中国，那自驾探险就非常便宜，因为那里给车搞签证贵得离谱。

我们开了43000英里，途经50个国家，为红十字会筹集了20000英镑的善款。我们的出租车计价表上的数字也上升到了80000英镑，这就是我们全程的价值所在。

想一想1000英镑大冒险的主意，如果你有四个旅伴，那总花费就是4000英镑。如果你存两年钱，你们就有了8000英镑的预算。买辆车会花掉你1000或者1500英镑。剩下的钱当然足够你们出门来一段历时3个月的自驾游冒险。

阿奇·里明

骑摩托车纵向穿越非洲。

现在人人都以为你得买最好的摩托车和装备。购买穿越非洲的摩托车才花了我750英镑，其余的器材我都是从eBay上买的二手货。当你骑上一辆旧摩托，车是肯定会坏的。车抛锚了以后，你那天的前进路线就会发生改变，转向一些未知的地方。我喜欢那

样。我们不断地在修车铺搭上友善的当地人，那些人会提供给我们晚上过夜的地方。我想，如果摩托车没有抛锚，我们路上遇见的人会少很多。在事情出岔子后有这样的发展真是令人欣喜。

我不认为你需要有任何特定的技能。你只要保持开放的心态，一直保持微笑！有了这样的态度我觉得你就能去任何地方，做任何事。

安东尼娅·博灵布洛克-肯特

骑摩托车游历胡志明铁路沿线。

我从河内喧闹的街道出发，骑着一辆有着25年车龄、名叫“粉红豹”的霓虹粉色本田小狼摩托，踏上了单人摩托车之旅。在这趟旅程里，我要对抗荒凉的高原和无数次抛锚。旅程中从好笑的时刻到有点吓人的时刻都有。我遇见过部落首领、非法伐木工人、前美军战斗机飞行员、被越战期间留下的未爆炸弹炸死孩子的年轻女性、古怪的澳洲拆弹专家，还有很多机修工。这真是一趟非常神奇的冒险。

只身旅行绝对是我这次经历里的亮点所在。我感觉自己能完全融入周遭的环境，不受同行者的干扰。我一直想只身进行这样的旅行来挑战自己，看看自己是什么样的一个人，所以我很高兴自己真的有那么做了。奇怪的是，在真正艰难的日子里，在我被迫面对自己的恐惧和弱点的时候，我才真正享受到这份孤独，学到了最多关于自己的事情。我原来很害怕一个人在丛林里睡觉，因为丛林里有无数的未爆炸弹，有巨大的蜘蛛还有毒蛇。但树隙间的阳光照在我的吊床上，远处长臂猿的呼啸声把我惊醒，这样一个回忆会永远留在我心底。

每一场冒险都会唤醒你，让你摆脱死气沉沉的日常生活。这次冒险也一样。虽然我在东南亚的丛林里并没有经历到顿悟或者“发现自我”的时刻，但我确实对自己的个性有了新的了解，而那样的了解只能来自只身旅行。在遇见困难的时候，在泥泞和山川都合谋要对付我的时候，我勇敢面对了自己，经受住了磨炼。我没有哭也没有放弃，我坚持向前，在泥泞中驶过一里又一里。对像我这样严格要求自己的人来说，这是非常美好的领悟！

马特·普里厄

曾多次自驾在亚洲冒险。

我曾经开着一辆伦敦出租车到珠峰的大本营，也曾骑着一辆摩托小三轮从印度南部一直骑到喜马拉雅山脉。我也曾开着一辆用150英镑买来的车，从伦敦旅行到蒙古筹集善款。让我的人生改变最大的一次旅行，就是那次开着破车到蒙古的经历。（我们其实是开着一辆100英镑买来的亮黄色无顶棚菲亚特回英国的……）这就是我的第一次大冒险。我猜，这就是它对我影响良多的原因。路上我最喜欢的国家就是伊朗、土库曼斯坦、乌兹别克斯坦和俄罗斯。

我喜欢这种旅行的不可预知性。我有意少做调研，直面任何遇到的事情。我从中领悟到，日常从媒体中听到的基本上都是垃圾。用自己的眼睛去看看这个世界，形成自己的观点，这是非常重要的。

我最初的计划是背包游美国。但跟一个朋友喝啤酒聊过以后，我意识到自己需要一次真正的冒险，需要尝试一点不一样的、有挑战性的事。于是点子就这样来了：找一辆很破的车，然后一路向东。

说实话，第一次冒险彻底改变了我的人生。它改变了我看世界、看待人、看待无尽可能性的方式，也让我意识到一些原来听起来几乎不可能的事其实对普通人来说也是可行的。投身去做点什么吧！去放手一搏！然后想办法把事情搞定！

信不信由你，这样就能让你完成大部分的旅程。关键是把计划告诉其他人，因为这基本就能逼你去实现它。

在这趟旅行中，我们有两个人，所以我们都仔细对比了各自的长处来分配任务。这个做法似乎挺有用的。你们能互相帮助，能在这个过程中从对方身上学到东西。

安东尼·古达尔德

和家人一起自驾游美国。

我的妻子、儿子和我突发奇想地离开了家，决定去多看看这个国家。我们在美国自驾游。在同一个地方住了六年之后，我们意识到自己想要得到在不同城镇居住的体验。但我们不知道自己要搬到哪里去。我们想，如果先别着急慢慢找地方，那就有了冒险的机会，可以多看看这个国家。目前我们已经开出了12400英里。这可是从北极到南极的距离。

比起大城市，我一直更喜欢小镇。我喜欢到一个小镇里，感受一下这个地方的氛围，看看是什么东西让它与众不同，当地人赋予它什么样的风格。我们曾经在一个小镇上待过，那是新墨西哥州圣菲市以北的一个地方。那里有些房子是没有电力供应的，街上还有野狗游荡。在经过大城市以后，看见同一个国家还能有如此不一样的地方，真的让人非常吃惊。

我最喜欢旅行的一点，是旅程中没有真正的目的地。我们把必需品都装上了车，可以根据前面路上有什么有趣的东西，每天改变主意。

我们出发的时候，车上的行李多得可笑。它们堆得那么高，以至于我开车时连路都看不到了。当我们抵达华盛顿，我们花了一天时间区分哪些东西是真正需要的，研究怎么安放行李更合适。

你的冒险也不必非要有目的地。只要想想今晚你想去哪，明天你想去哪，也许还包括这周剩下的时间想去哪，然后重复这个过程。你在路上任何时候都可以停下，不必担心“没有到达”你觉得自己要去的地方。

事实上，我们刚刚结束了旅程，因为我们决定明年一直待在落基山脉。那时我们正开车离开一个待过的小镇，落基山就映在车子的后视镜上。离开却让我们感到犹豫，因为一家人都很喜欢这个地方。出镇的时候我们在一个咖啡店停了下来，拿起一份当地的报纸，看到上面的租房广告，然后给那个放租的人打了个电话，去那边签下租约，第二天就搬进去了。

KAMEI
NON STANDARD AWARDS
Sponsored by CabCard Services
VISA
www.paycabs.com
CabCard are payment solution specialists for the UK taxi industry
London → Sydney
GB
K841 MMF
NON STANDARD AWARDS
PERFORMANCE DIRECT.co.uk
NGK
SPARK PLUGS
PERFORMANCE DIRECT.co.uk
LICENSED TAXI
999
BRONZE
www.itsonthemeter.com

我喜欢采访驾驶汽车和摩托车冒险的人，尤其是我自己还从未尝试过这些冒险方式，能以一个全新视角看待冒险世界，这是很有趣的。在所有这些故事中，有一件事格外引人注目：机动车冒险很好玩！这本身就是值得参与的理由了。

奥斯丁、利亚姆和保罗都被机动车冒险那种有趣而可笑的感觉所吸引。他们到处找精彩的行车路线和不时出现的酒吧。有时我会把冒险世界想得太过严肃，对待事情的方式也过于严峻和自虐。也许一个合理的平衡就像安东尼娅最近一次自驾东南亚的旅程一样，“从好笑的时刻到有点吓人的时刻都有”。

“绕远路、机件故障，这些意料之外的事情是魅力的一部分，也将你引向各种各样突如其来的冒险。”

在很多这样的旅行里都可以看到一种满不在乎的态度：“找一辆烂透了的车，然后向东开。”这是马特的建议。好几个人是在eBay上买下他们的车——马特买了一辆150英镑的车子开去蒙古——他们之中也很少有人对车辆维修感兴趣或者有所了解。绕远路、机件故障，这些意料之外的事情是魅力的一部分，也能将你引向各种各样突如其来的冒险。确实，有时我也有一种调皮的欲望，希望能出点岔子。我们都对不确定性、惊喜和不寻常的互动充满了强烈的渴望。

正如一贯所说的那样，重点是直接动身。安东尼和他的家庭“突发奇想”，想去多看看他们居住的国家。他们没怎么管目的地，也没什么详细的计划。保罗告诫我们，

可以在计划和随机应变中求得平衡。而我经历过世界上各种小官僚的刁难，至少会在开始旅行前先把所有的手续文书整理好。但阿奇也指出，你没办法为所有事做准备，别被准备工作的细枝末节所困也是很重要的。“就买一辆简单的轻型摩托车，把包绑到后座上，直接往南或者往东开。”不不，我们再说一遍——直接往东开就好！或者往南！还有，利亚姆中肯地提醒我们：“对比我们在生活中做的其他事情，这反而是其中一件最简单的事。”

旅行
TRAVEL

冒险是个宽泛的概念，它不仅仅是攀登死亡巅峰，或者是在撒哈拉沙漠渴得喘不过气。我人生中一次冒险，是18岁的时候我坐飞机去非洲，到一个小村庄住了一年。我带着一个不合时宜、簇新闪亮的大背包，里面装满了各种各样我之后根本用不上的东西，满得几乎要溢出来，这是我一生中最快乐也最重要的一年。一场冒险不会比另一场冒险“更好”，重要的是它教给你的事情，还有给你留下的独一无二的感受。

乘坐火车旅行是一种不慌不忙而又文明的打开世界的方式。当然，这种旅行方式也有混乱的时刻，特别是你选择一尝平价车厢的滋味的话。我曾经坐火车在巴基斯坦旅行，从伊斯兰堡①坐到卡拉奇②。我们近乎身无分文，因为这是一段漫长旅程的尾声，我们正要回家。在一个小车站，我们又碰上了漫长的延误状况。我朋友拿着最后一点卢比下车，准备精打细算，买下他能找到的最大份的食物。我们俩都饿极了，而且满头大汗，因为拥挤的平价车厢里没有空调和风扇，闷热难耐。我眼巴巴地等他回来，等得心急火燎。我朋友回来了，看起来很为自己的收获感到高兴：他带回来一大堆炸面团，看起来很能填饱肚子，足够让我们撑到旅程结束。然而第一口咬下去以后，我们脸色都变了。在一节闷热无比的车厢里，在一节拥挤到连恶臭难忍的厕所都被一家人占据的车厢里，你最不想吃到的就是满满一袋油炸红辣椒……那是非常难熬的40小时旅程，我们的嘴巴辣得发烧，身体辣得汗流浃背，肚子

① 伊斯兰堡（Islamabad）：巴基斯坦首都，位于巴基斯坦东北部。

② 卡拉奇（Karachi）：巴基斯坦第一大城市，位于巴基斯坦南部海岸。

也辣得直闹腾！

当这趟酷刑般的火车之旅终于结束时，我们的喜悦也大打折扣，因为我们放在行李车厢里的自行车已经不见了。“别担心，”那位车站站长安慰我们说：“它们可能是在下一班火车上，明天到，真主保佑[①]。”

我们满怀疑虑，但身上已经没钱了，只能等。我们跟月台上的老鼠和流浪汉睡在一起，直到第二天早晨。让我们大吃一惊的是，自行车真的被另一列班次根本不对的火车运来了。

那是一趟难忘的火车之旅，虽然论享受程度是大大比不上那次我从南非乘往津巴布韦的夜间火车，也比不上坐火车穿越印度南部的愉快经历，甚至比不上从伦敦坐卧铺列车到苏格兰高地的英国冒险之旅。在印度，我曾经从一侧的海岸徒步旅行到另一侧，然后坐火车返回出发点坐飞机回家。徒步旅行结束后我已经筋疲力尽，心中充满成功的喜悦，也深深地为印度着迷。我坐在敞开的火车车门处，看着印度的景色在眼前徐徐展开，一边喝着甜茶，一边吃着在乡村小站上买来的小零食。我的双脚在半空中晃悠，温暖的风吹拂着我的头发，我的心中涌起了那种特别的感觉，我意识到这是我一生都将会铭记和珍惜的回忆。这一切用一张便宜的火车票就换来了，真不错！

“我的双脚在半空中晃悠，温暖的风吹拂着我的头发，我的心中涌起了那种特别的感觉，我意识到这是我一生都将会铭记和珍惜的回忆。”

① 真主保佑（Inshallah）：有但凭天意，看安拉旨意的意思。祝愿之余，也意指未来某事有不确定性。

搭便车是一种更为低廉的冒险方式。搭便车的“守则”在每个大洲都不一样，含糊又不正式。在有些地方，你要负担一部分汽油钱或者给司机买杯咖啡。但有些时候，你会发现司机会给你买吃的，你唯一的责任就是提供有趣的对话，帮助他们度过漫长的旅程。我曾在非洲、亚洲、拉丁美洲和欧洲搭上过顺风车，在各地都留下了美好回忆。大学毕业那年夏天，我在西班牙和法国搭便车旅行。我和两个朋友经常重温那种美妙的随意性。耽搁在以后再也不想见到的地方会令人沮丧，而当一辆车停下来，你会怀着赌徒一般的激动心情向着车窗冲过去，希望能搭上一趟前往正确方向的顺风车，希望司机不是太古怪的人。但你管不了那么多了，无尽的道路带来无穷的可能性，奔向地平线的另一端让你激动不已。

然后你就出发了！你又一次纵情于行动中，开始了一段新的关系，一次新的对话，迎向下一次疯狂的冒险。一开始，对话基本会照着一个模式你来我往——你从哪里来，你要到哪里去。然后，就像前路无穷无尽的迂回曲折，你会碰上各种各样新的对话，聊政治、聊工作、聊足球、聊音乐，甚至是聊一些心碎的故事。什么样的故事都有。它们都在这个世界上，只等着你到来……

来自其他冒险者的智慧箴言

斯蒂夫·德维-琼斯

曾搭便车从英国旅行至马来西亚。

那是我第一次大冒险。我和最好的朋友一起出发，从英格兰搭便车到马来西亚。我们给自己定了一些规则：不在交通上花钱（确保我们一直搭便车，不会时不时坐上客运大巴），还有不拒绝任何人载我们一程的邀请（确保我们对他人的留宿邀请等事情保持开放的态度）。

搭便车的核心在于彼此的互动交流。它最具魅力的一点，就是会把你推向旅途相遇者的怀抱。你的旅程完全由它塑造，它也让你对经过的地方和那里的人有了更深入的见解。我热爱搭便车这种旅行方式——你只需要有足够的时间便好。它最大的缺点也许就是：你要完全依赖其他人来到达目的地，不知道这个过程要花多长时间。

我对生活通常怀着放任自流的态度，而且也是个不可救药的乐观主义者。这都是当托特纳姆热刺球迷磨炼出来的，但也有些人会为我担心。

我想我们大概是在出发前一个月开始安排行程的。办签证的时候，我们离出发时间只剩一星期了，时间过分仓促，我们不得不多花了不少钱来加快巴基斯坦和伊朗签证的审核。准备工作就这么点，真的。我们规定了每天10英镑的预算，最后每人花了1500英镑完成到马来西亚的旅程，全程花了6个月。

沿途我们不断遇到让我们在他们家留宿的人。有一次，我朋友要上洗手间，但他不想在路边解决，因为他是想大解。于是他敲开了一户人家的门。不出所料，几分钟后——可能是十分钟后吧——他带着一个大大的微笑回来，说：“说出来你都不会信，跟我来。”我们最后在那户人家里过了一夜，就因为他要上厕所。那是在克罗地亚时发生的事，但这样的事情真的在哪里都有可能发生。

格拉汉姆·休斯

首位不乘飞机到访世界上每一个国家的人。

第一年，我到过133个国家，第二年我去了大概50个国家。我想真正的窍门，还有我能完成旅程的原因，在于我不只有一个A计划。我有备用的B计划、C计划，还有D计划。有时我简直要用到第七个备用计划，才能去到某某岛或者其他我要去的地方，我想这就是关键。

我常常会讲一个在伊朗坐通宵客车的故事。故事里，一个娇小的波斯老妈妈坐在我面前。她得有八十来岁了，在用手机打电话，然后，她把手机递给了我。她一点英文都不会说。于是我把手机放在耳边，然后另一头有人说："嗨，我的名字叫赛义德·侯赛因。她打电话给我，因为她担心你。"我问："为什么？""因为大巴会在明天很早的时候到站。她担心你无处可去，没人给你做早餐。所以如果你觉得没问题，她会带你去她家，给你做早餐。"

如果你在今时今日上大学，学费是9000英镑一年。9000英镑可以让你像个国王一样旅行。如果你打算从事法律或者医疗行业，那上大学是必需的。但如果你考虑读戏剧或者哲学，去旅行就好了，因为雇主会看着你的简历说："戏剧，哲学，那又怎样？"有本事说出你曾一个人去过非洲每一个国家，我想那才是能让任何人都印象深刻的事。我的意思是说，那说明你有行动力，有组织工作的技巧，有勇气——不然你还希求雇员有哪些品质呢？不过话又说回来，你也可能会合同期过了一半就撂挑子了，跑去冒险……

克里斯·赫尔维格

和他太太，他们三岁还有刚出生的两个孩子一起环球旅行。

我们的计划就是没有真正的计划。我们会先买了票，然后路上再想计划。如果感觉计划不可行，我们就先暂停休息一下，或者干脆终止计划坐飞机回家。

我们这么跟人说的时候，大家都觉得难以理解。我想，人们觉得这样很不负责任。我们的答案一直是，如果不行我们就回家。我们从一开始就会尽力确保落脚处附近有一家国际医院。从很多方面来说，减少计划会让事情变得更简单。玛琳开始只是到处闲逛，给孩子喂奶，还有在海滩上享受一下便宜的按摩服务。

罗尔夫·波茨

环球旅行家，曾不带行李骑行环游世界。

我把二十几岁时环游北美的八个月，还有三十岁出头那会儿环游亚洲的两年视作自己最重要的“流浪时期”。这些旅程教会我如何旅行，也教会了我旅行可以有多简单，有多便宜和安全。在那之前，我一直以为旅行是你存钱存到年纪比较大的时候才做的事，而且持续时间也短得多。现在，旅行是我生活的一部分，也是我年度事务的正常组成部分。

简单是旅行的通行证。在家的时候，它能让你专注于重要的事，为将来的旅行存钱。在路上的时候，它让你轻装上路，将注意力聚焦在眼前的世界，而不是背负着的事情。简单来说，它让旅行和在家的生活变得更加实惠，也更加愉快。我想，现代生活堆积了太多我们不需要的东西，也有太多分散注意力的事情。简单能让你在经历中而不是在物质中寻回自我。

我是体能挑战的支持者，也热爱着能让人接受世界挑战的冒险；我不反对登山、皮艇还有骑行等活动。但现在这些冒险似乎已经很常见了。对我来说，更有吸引力的是任何能让你脱离舒适区的冒险。它可能意味着在缅甸的街道上尝试新的食物，或者到导游书上没写的玻利维亚小镇旅行，或者是在新西兰某个街角和随便一个陌生人聊天。它的关键在于克服恐惧——不是生理上的恐惧，而是心理上的。它事关寻求日常的挑战，做你在家可能永远都不会尝试的事。旅行让你远离自己的家，你因此得以在几乎所有不熟悉的事情上发现冒险。

铁木真·多兰

不乘飞机环球旅行。

修完了艺术学校的学位以后，我对不乘坐飞机的旅行很感兴趣。我在圣彼得堡的冬宫博物馆找了一份实习生的工作。我想，如果要到俄罗斯的话，最便宜的交通方式就是坐那些可怕的欧洲巴士公司（Eurolines）的长途客车，全程通常要持续差不多40个小时，车票要50英镑左右。那可真是太折磨人了！我想如果我乘车到莫斯科，然后继续旅行到北京，那我不需要乘飞机就旅行过世界上很大一部分地区了。西伯利亚特快列车①被认为是最棒的火车旅行路线之一，我一直想试试。我也开始在查不乘坐飞机越过太平洋和大西洋可以有哪些选择。有些货轮会有两到三个客运床位的。

坐车有一点挺有趣的，虽然你也是从A点旅行到B点，但在路上的时候会感觉受困。这个跟骑行不一样，骑行的时候想看什么可以停下来看看，但坐车就是“咻”的一下过去了。你大多数时间都只是在窗口看着漂亮的景色，然后它们就消失在眼角，转瞬即逝。我想那是乘火车旅行的一个缺点。但坐火车也很愉快。那就像是一幅从莫斯科延伸到北京的漫长画卷。你能看见风景，看见树林或者灌木丛向上延伸到大山上，又一路向下延伸向广阔的湖泊。我经常盯着窗外看，看得入迷。真是太不可思议了。

我想，西藏到北京是我坐过的最喜欢的火车旅程。就像在欧洲，中国的火车也分不同档次。我就坐最低的一个档次。但那感觉其实比很多我在中国坐过的火车要好。因为卧铺火车是三张床上下叠起来，睡上铺的人会打鼾，有时还会探出头来吐痰。如果你不巧睡在中铺或者下铺，就只能祈祷他们准头好一点，自己不会被溅到。

如果你是徒步或者骑行，旅行就包含了体能的成分，你得问问自己“我行不行？”“我能应付这个挑战吗？”坐火车的话，你只要管理好自己还有钱和其他东西就行。

横渡大洋的旅程美妙得难以置信。当时它们给我的感觉是那样的深刻，我至今深有体会。那艘巨大的货轮从香港出发，它如此庞大，花了很长时间才从横跨香港港的大桥下驶过。我想：“这船可真大啊！”然后出到外海半天以后，船被太平洋包围了，你就感觉它像根小牙签一样。周围都是水，一直延伸到天边，而巨大的浪头从水天相接处向你涌来，丝毫不在乎船长和船员们会担心些什么。这听起来很老套，但你会觉得自己很渺小。不过同时，这种感觉也很美妙。不知道怎么的，它让人觉得满足。

艾德·吉列斯比

不乘飞机环球旅行。

我不采用飞行的方式，只乘坐飞机以外的交通工具环球旅行。我坐过公交车、火车、货轮以及古怪又好斗的骆驼！这是一趟为期381天，途径33个国家，全长45000英里的旅程。我希望能重新找到陆上旅行的冒险与浪漫，体验缓缓经过世界的感受，享受景色、人文、语言和饮食的变化，而不只是在35000英尺的高空飞越这一切。

我从新西兰乘坐货轮到墨西哥。这16天的航程横渡了太平洋——世界上最大的海洋，真正意义上穿越了这个蓝色的星球。那是段宜人而惬意的时光，有灿烂的阳光，有碧蓝的天空和温柔的海浪，飞鱼不时在我们

---

① 西伯利亚特快列车（Trans-Siberian Express）：往来莫斯科与符拉迪沃斯托克，穿过西伯利亚地区。该线路是连接莫斯科与俄罗斯远东地区的重要铁路线，同时与至蒙古、中国和朝鲜的铁路线相连。

的船边飞掠而过。

这趟旅程对我的性情产生了极大的影响。伦敦的生活紧张而忙乱，而快节奏的创意沟通工作也让人筋疲力尽，但慢速旅行的轻松节奏很快就会让这种狂躁烟消云散。我整个人变得更从容，遇事更冷静，大约也更容易相处。我的生意伙伴确实是这么说的！

伊安·帕克汉姆

乘坐公共交通工具孤身环绕非洲大陆一周。

这是我第一次单人大冒险。一路上，我乘坐过破破烂烂的丛林出租车、平板卡车、独木小舟，还有一辆送新鲜肉馅饼的外卖面包车，以及其他无数种交通工具。我沿着非洲的海岸线前进，穿过31个国家，旅程全长25000英里，足以沿着赤道绕地球一周。我感觉自己体验到了非洲最天然、最真实的一面，也深深地爱上了它。

环绕非洲大陆的想法似乎是在我仔细研究过一张世界地图后自然而然地产生的。我看着非洲还有那些现成的海岸道路越久，我就越发觉得自己得动身踏上这一次旅程。

非洲跟主流媒体刻画的形象非常不一样，我花了很大力气来协调自己的预期以及自己亲眼看见的东西。那时我对自己旅程结束（或失败）以后要做什么并没有一个明确的想法。学会一些当地的语言也许是最重要也最实用的一步，知道大概三个葡萄牙语单词和另外三个阿拉伯语单词真的有很大帮助，手势和外来词则帮我搞定了剩下的事情。

马克·兰伯特

环游马达加斯加岛。

我给自己定了一个很现实也很有趣的目标，存够了钱就去马达加斯加岛，然后我就出发了！我坐飞机到马达加斯加，身上带着一张地图、一顶帐篷、一台相机还有很多耐心（在非洲冒险非常需要），只身一人在这个伟大的岛屿上花了五周时间旅行，一路上尽可能地搭便车和徒步。

我一直觉得只身旅行让人收获甚丰。旅程中的大多数时候不跟任何人说英语是个真正的挑战，但同时也是很不错的经历。我最喜欢的回忆，是要登上从菲亚纳兰楚阿[①]到

① 菲亚纳兰楚阿（Fianarantsoa）：马达加斯加中南部城市，是该国的学术文化中心。

马纳卡拉[1]的列车。那是一段12小时的火车之旅，经过世界上一些最惊人的景色。我可以坐在老旧的列车上，从敞开的车厢门那里一路观赏，真是太棒了。

你会遇到那些说“想跟你一起上路”的人，或者说“听起来好棒，我要是能去就好了……”的人，但他们永远不会上路。我不希望旅行一直只是个梦想，只是在酒吧或者饭桌上的谈资。所以我就动身了，订了机票，然后在起飞那天前一直努力做计划和存钱。

① 马纳卡拉（Manakar）：马达加斯加东岸城市，位于马纳卡拉河河口，是菲亚纳兰楚阿－东岸铁路线的终点站。

非洲的冒险旅行跟别处的完全不一样。它需要耐性，也需要对TIA——“这就是非洲（This Is Africa）！”的理解。但如果你接受这一切，而且面带微笑，这个地方可以给你很多回报。

布兰登·莱昂纳德

在他的面包车里居住和工作。

那时我在家给一家大型软件公司工作。我原来和女友住在一起，不过后来我们分手了。于是我把自己的东西都打包到车上，说一句“管它呢”，然后就上路旅行了一阵子。有五周时间，我都在到处爬山、徒步、背包游以及跟朋友见面。这段日子过去后，我意识到，自己也许可以在路上工作。我在咖啡厅里接会议电话和提交工作任务。只要有网络，我就可以实现这一切。在美国，我们总觉得人要结婚，生俩小孩，买个房，也许还得买两辆车，这就是人生的目标。但也有很多人以别的方式，走出不一样的人生路。我开始想：“我32岁。到底要怎样？我的生活中可没这些东西。我还行不行啊？”我的意思是，天啊，人人都会有属于自己的快乐人生路的，对吧。在车里住了6个月后，我买了辆面包车，继续住在面包车里。这样持续了差不多三年。我在西部到处跑，开车去不同地方，做点有趣的事情，尝试找有Wi-Fi的地方工作。那段时间棒极了。

马特·伊文斯

走陆路从英国旅行到亚洲。

一天，我们在彭里斯[2]的原野里游荡

② 彭里斯（Penrith）：位于英国坎布里亚郡，离湖区国家公园很近。

的时候，我朋友说：“再不快点动身，我们就压根没法上路了。”他说得对。我们已经梦想这场冒险好几年了，一直都在夸夸其谈，从没真的做过任何事来实现它。每次我们碰面喝酒，我们会满怀希望和神往地讨论计划，心想等最后一次点单的时候我们就会来真的了——但一切都定不下来。事实上，上路之梦一直没有变得更近一点。所以那一刻，就在那里，我们做了一个承诺。我们定了一个日期，然后充满男子汉气概地坚定地握了握手，真正开始推进这件事情。

事情并不容易。我们得说服各自的女友：a）我们都要辞职；b）旅行穿越光秃秃的沙漠和荒凉的山脉会很有趣；c）在塔什干①和阿什哈巴德②真的会有浪漫的餐厅和有趣的酒吧。

我们辞掉了工作，把房子转租出去，开始从圣潘克拉斯③出发，从陆路前往西安。这花掉了我们人生中的五个月，创造了无法忘怀的回忆，也让我们都成了更好的人。

我们做了决定，要过自己想要的生活，之后就再也没有回头了。最终让我们采取行动的是一个“机不可失，时不再来”的时刻。我们以前都有过多次旅行经历，但都因为日常生活的琐碎小事而走了弯路。有那么一段时间，我们有过异想天开的目标。但它需要重新调整，也需要我们改变生活方式来把它塑造成现实。路上当然也有不怎么样的时候，我们曾经吃牦牛肉和陈面包连吃了九天。但在五个月的旅程里，我们确实感觉自己像是创造了五年的回忆。

① 塔什干（Tashkent）：乌兹别克斯坦首都，位于天山山脉西侧。

② 阿什哈巴德（Ashgabat）：土库曼斯坦首都，位于喀拉昆仑沙漠与科佩特山脉之间。

③ 圣潘克拉斯（St Pancras）：伦敦中部的一个区。圣潘克拉斯火车站是行经英法海底隧道的欧洲之星列车终点站。

杰米·福尔布鲁克

搭便车旅行到南非。

我想自己这辈子搭便车走了大概20000英里吧，路上遭遇过各种各样奇葩的乱子。其中最有决定意义的旅程也许是取道中东从英国到南非那一次。

我那时22岁，是个无聊透顶但充满渴望的毕业生。一天晚上，我心中有什么东西忽然挣脱了束缚。于是我拿出了地图，第二天早上，我走到了街道尽头，伸出大拇指，然后就这么上路了。我从那里开始，一直搭便车搭到了南非。

你可以很快完成一趟旅程。如果你真的想旅程快点结束，那一个月就能搞定了，尤其当你的驱动力来自“完成任务”的目标的话。但那时最好的一点，是我手上有很多最具价值的通货——自由时间。它们让我能以特别慢的速度旅行。只有在一个地方不再让我有所启发时，我才会去下一个地方。而我只需要走到城镇的边缘，然后再一次伸出大拇指。

你知道吗，我开始并没有打算一直搭便车到南非。那不是我的计划。我想搭便车去叙利亚——那才是我的目标。叙利亚感觉更容易到达。

我最喜欢搭便车的一点，就是那种开车人和搭车人共有的勇气。你（搭车人）有勇气说：“嗨，陌生人。捎上我吧。”同样地，开车人也得愿意说：“嗨，陌生人。我相信你。上车吧。”这两种个性常常是一致的，你们通常会很处得来。

如果我说搭便车或者陆路旅行很适合年轻或者没有经验的旅行者，我的意思自然不是说这些冒险的体验低其他类型的冒险一等。去世界上的每一个国家、搭便车到马来西亚，或者不坐飞机环球旅行都是极好的冒险。这些旅行适合冒险新手的原因是它们起步极其简单，也不需要依赖难学的技巧。这类旅行是孤独星球①帝国建立的基础，足以证明它们的受欢迎程度。杰米在22岁时完美地证明了这一点。这位“无聊透顶但充满渴望”的年轻人在看过地图以后，走到了自己家所在街道的尽头，然后一路搭便车到了非洲。布兰登把行李打包到了自己车上，说一句“管它呢”，就上路了。而这样的旅行让旅行畅销书作者罗尔夫第一次意识到，旅行可以有多简单，多便宜和多安全。铁木真对比了骑行和火车旅行的体力要求，认为后者“只需要你管理好自己”。

“重要的是记住，冒险不是去火星的单程票。如果发现冒险不适合你，回家就是，做点别的。”

斯蒂夫和伊安进行自己第一次大冒险时都没有怎么做计划。克里斯和太太玛琳在玛琳休产假期间出发环游世界。那时他们已经是经验丰富的旅行者，再加上他们以放松但积极主动的方式对待生活中的冒险，这就意味着他们把一个宝宝的降生看作机会，而不是限制。他们无视反对者认为他们不负责任的说法，一起上路，共度了一段美好时光。他们提醒着我们，为望而生畏的旅程做计划要记住很重要的一点：世界上到处都有医院、商店和人可以给予你帮助。而且如果旅程行不通或者不甚有趣，你总是可以回家的。记住，冒险不是去火星的单程票。如果发现冒险不适合你，回家就是，做点别的。

跟克里斯和玛琳不同，格拉汉姆觉得大量的组织协调和备用计划是必要的。他的破纪录挑战是要不乘飞机到世界上每一个国家旅行。他要靠计划来应付挑战带来的复杂的后勤组织问题。再说一遍：在一个特定的冒险方式里，根据你冒险计划和个性的不同，你可以用很多种不同的方法来解决问题。

搭便车旅行的关键是时间，杰米形容时间是“最具价值的通货”。我们的便车旅行者都强调了同一点：如果你足够幸运，生活中没有急需完成的安排，那搭便车就是最好的旅行方式。而且路上和你聊天的人们，也让这种旅行方式变得格外独特和美妙，使人深受教益。我是个很害羞的人，不太喜欢遇见陌生人，也讨厌派对上的寒暄闲聊。然而，我非常喜欢搭便车旅行那种混乱的随意性，也喜欢在路上同遇见的各色人等有一搭没一搭地聊人生和各种各样的事。

像斐利亚·福克②那样不坐飞机走陆路会比搭便车更成体系，但这样的旅行也有其别样的优势和吸引力。只要你跳上街道尽头的47路公交，你就搭上了连续不断的公共运输网络。它们可以一直把你载到开普敦或者青岛。不管你是像马克那样，坐在老火车敞开的车厢门口，看着马达加斯加在眼前掠

① 孤独星球（Lonely Planet）：著名的旅游指南书系列。创立人托尼·惠勒和莫琳·惠勒在年轻时一次跨越欧亚大陆的自驾冒险后生出写私人旅行指南书的想法，后成为世界最大的私人旅行指南出版商。

② 斐利亚·福克（Phileas Fogg）：儒勒·凡尔纳的科幻小说《八十天环游世界》里的主人公。

过，还是像铁木真那样，希望上铺那位清喉咙吐痰的先生有个好准头，公共交通网络都令人难忘。马特觉得，他在路上度过的五个月带来了“五年份的回忆”。艾德回家以后，发现慢速旅行那种轻松的节奏对他的心态有很大影响。他回家以后还时时愉快地回忆起这种有点老派又有点浪漫的旅行方式。艾德和铁木真都特别喜欢乘坐货轮横渡太平洋的经历。这样一场冒险在今时今日似乎比划船横渡海洋还罕见。我曾经也乘坐过货轮横渡太平洋，海上那些节奏缓慢的日子和我其他的旅行经历相比很不一样。

所以你要如何实现这样一次冒险呢？罗尔夫强调，简单就是冒险的通行证，不管是就旅行本身来说（罗尔夫曾不带任何行李环游世界）还是在准备阶段都是如此。还有，在每一章节里面，我们的冒险家们都反复强调，最困难的是致力于完成第一步。马克不希望旅行一直只是梦想，“在一次酒吧里的谈话之后”，马克意识到“再不快点动身，我们就压根没法上路了”。

攀登

CLIMB

高山缔造着最好的探险故事。不过，这么说也不太对。登山者缔造着最好的故事，而高山根本不在乎。那当然也是山岳神奇色彩的一部分。这些庞大、美丽的巨兽昂然耸立，就像是现世的圣殿，吸引我们抬头仰望，思索着我们有无可能登顶，我们是不是可以去攀登一下，思索我们是否能胜任此等挑战，而它们不在乎我们在山侧那些卑微而徒劳的努力。然而，为登顶（然后下山）而孤注一掷的登山者们所经历的牺牲和磨难，他们付出的努力，鼓起的勇气，承担的风险，恰恰印证着人类的狂热与潜能的极限。

登山的回报也荒诞离奇：只是为了站在最高的一点上，能看到比稍低处稍好那么一点点的风景，似乎不值得冒这么大风险。毕竟风险与登山者如影随形。所有顶尖的登山者都有自己差点为所爱之事奉献生命的故事。他们都有死在山上的朋友或者队友，他们中的一些人将会以同样的方式死去，登山有它阴暗的一面，这些人心知肚明，但仍然踏上征途。

而值得为之去死的爱确实也是强大的爱，这是构筑在风险、自负与野心上的爱情故事。但它也要以努力、希望与合作来维系，以同情、耐心、坚持与关爱来浇灌，要以拜师学艺、磨砺技术和积极的傲气来支持，才可能让这爱情之花盛开。它愚蠢透顶。按伊冯·乔伊纳德①的话说，它徒劳无益，却意义深远。我喜欢这一句解释，胜过老套的“因为山就在那里”。

徒劳无益，却意义深远：这也许就是最适合这本书的副标题，也是最符合我人生的

① 伊冯·乔伊纳德（Yvon Chouinard）：美国著名的攀岩家、环保主义者和户外运动企业家，是美国“优胜美地攀岩黄金年代”的领导人物之一。

说法。那些像我们一样在世间漂泊的人们一定会懂的。

我不是登山者，虽然我希望自己是。我之所以不是登山者，是因为不乐意投入必要的时间，学习攀登峻岭时保命的技能。我尊敬登山者，是因为我自己不是他们那样的人。我喜欢他们能在独处与同袍情谊之间做出选择。我喜欢山顶那凛然不可冒犯的单纯，喜欢它们不管从山谷仰望还是在绝顶的风中都别无二致的美。

仅有的几次登山经历都给我留下了快乐的回忆，管是每走一小步都喘着粗气。我曾经在安第斯山用冰爪给吊在我下方的队友踢出雪上落脚的小坑，我曾经一边气喘吁吁，一边在心里默数着“1-2-3-4-5-6-7-8-9-10”，每10步我就奖励自己停下来休息一小会。当你从几乎20000英尺高的山上俯瞰，下面的世界看起来是如此渺小而不真实。然后我会转过头，继续踢着雪地，再次开始攀登。高山营地是一个特殊的场所，在那里，你的帐篷会扎在仿佛随时会坠落的地方。这，就是攀岩的刺激之处。虽然登山者所谓的“暴露感①”（你脚下吓死人的落差）所带来的恐惧足以打消我对攀岩的抱负，但我为这种恐惧着迷，也乐于挑战它。毕竟只要稳当地拴在绳索上，你就很安全。但你的大脑难以区分预期的风险和实际的危险。我喜欢这一点领会。甚至苏格兰的不可接近峰②都会让我害怕得贴紧在石头上（虽

① 暴露感（exposure）：攀岩术语。攀登垂直甚至向外倾斜的岩壁时，攀登者低头从双脚间看下去能直接看到底下的落差和景色，看到自己身下空荡荡的状态，这就是暴露感。

② 不可接近峰（Inaccessible Pinnacle）：位于苏格兰斯凯岛上的库林山脉一座山顶上，是一块高50米左右、十分陡峭的鳍状岩石。

然我也自然而然地发出愉悦的欢呼）。不过，尽管一定难度以上的攀岩活动已经超出了我的能力范围，我还是有野心去攀登格陵兰或中亚大山的。我不在乎世界纪录，但初攀险峰的可能性——登上一座从未被攀登过的山峰的想法——真的会让我产生无限遐想。

登山和攀岩需要技术、投入和时间。但那不是你不去着手开始的理由。每一个攀登者都曾不得不学会使用登山扣，都曾第一次登上一座小山丘，第一次攀上一座难度不高的山峰。你也能做到，你只需开始。只是出发的时候请记住，你也许正在迈入一个疯狂而偏执的世界。

来自其他冒险者的智慧箴言

蒂姆·摩斯

攀登过阿尔泰山脉，全程花不到1000英镑。

阿尔泰山是你从未听说过的最棒的山脉。我在谷歌上搜到它（搜“world mountain range”）。我到处打听，越来越感觉好像没人知道多少关于它的事情（至少从英国登山界来说是这样的）。

这个冒险本身就是非常标准的登山活动：坐飞机到一个不熟悉的国家，花几天时间在能找到的任何商店里凑齐补给，坐客车去一个偏僻的小村庄，带几匹驮马一起徒步进山，找个好地方支起帐篷，然后尽可能地多攀登几座山，直到回家的时间来临为止。

我个人的难忘时刻包括在雪地上发现熊的脚印，在之前不曾被攀登过的山顶上发推特（算不算可喜可贺的事呢），还有在星空下的大本营里，大家围坐在火炉旁度过漫漫长夜。

我们只是在“皇家地理学会网站”的探险布告版上发了一则广告来招募队员。很快，队伍就从两人增加到了六人。没人同行不是借口——你不是一个人。你也可以到“探索者连线（Explorers Connect）”和“逃出城市（Escape the City）”两个网站试试。

我们的广告首先就强调了要召集没从事过技术攀登的英国登山者。事实上，我们其中一名队员之前从未登过山。今时今日，山峰还没被人攀登过，往往不是因为它们难度大，而是因为没人去爬。没有专业技术不再是大冒险的障碍。

我们请了两周的假。我提前几天先行出发，在当地多待了几天，而大多数队员都是在15天之内入队和离队的。他们收获了登山处女行的荣耀和登顶的照片，同时避免了让自己的老板不高兴。

这样一次名副其实的冒险总共花了1000英镑，其中包括飞到俄罗斯的机票、保险、补给和后勤支持的花费。

格兰特·劳灵森

游历新西兰，到达它的海拔最高点。

我和我的登山伙伴阿兰一起，从新西兰

北岛的最高点出发，开始了全靠人力的不间断旅行，直到我们登上新西兰南岛的最高峰。我们的旅程包括登上鲁阿佩胡峰[①]以及奥拉基山（又称库克山）[②]的顶峰，划皮艇在153英里长的旺格努伊河[③]顺流而下，完成600英里的公路骑行，以及44英里的海上皮艇旅程，穿越以危险闻名的库克海峡[④]。

我们的目标是以微薄的预算完成一次独特而又富含挑战性的冒险，同时不需要跑到世界尽头那么远的地方，冒险的时长也能控制在我们的年假天数之内。我们的总预算是每人1000英镑。我借了太太的自行车。我们用的都是自己的登山装备，而穿越库克海峡的海上皮艇是租来的。

可用的资源和支持越少，我就越享受冒险的体验。世事大多是船到桥头自然直，尤其是当你成事的欲望够强，把事情放在首位以后。如果你真的很想去冒险，就把冒险列入你优先度的第一位。它必须排在最前头。任何会让你放弃旅程的理由必须被归入借口之列。

任何去不了的理由都是借口，不要找借口，没人喜欢爱找借口的人。

如果你把冒险的优先度排在首位，你就肯定能搞到钱去完成冒险。我喜欢问人一个简单的问题：让他们必须在明天拿出几千块钱，他们凑得到吗？大多数人会说不能——他们做不到。然后我又问：“如果你最重要的人没这笔钱会死，你能凑得出这个数吗？”这次更多人会举起手来。

那中间的差别在哪？

唯一的差别是优先度突然大大提升了。

冒险当然不像生死攸关的事那么重要。这只是要说明一点：如果你真的真的很想实现一件事，你就能做到。

---

① 鲁阿佩胡峰（Mount Ruapehu）：新西兰北岛的最高峰，同时也是新西兰最大的活火山。
② 奥拉基山（又称库克山）（Aoraki/Mount Cook）：新西兰南岛以及新西兰全国的最高峰。
③ 旺格努伊河（Whanganui River）：新西兰的第三大河和最长通航河流，位于新西兰北岛，发源自汤加里罗山，汇入塔斯曼海。
④ 库克海峡（Cook Strait）：位于新西兰南北岛之间，连接塔斯曼海和南太平洋，被认为是世界上最危险的水域之一。

保罗·拉姆斯登

金冰镐奖两度得主。

我有幸能多次在喜马拉雅山脉进行攀登，而且大多都成功了。多数在喜马拉雅山脉进行的高难度攀登都会失败。

我想那两次金冰镐奖最为人所熟知。当然，第二回得奖的那次在印度的攀登是我最棒的一次攀登冒险。它难度很大，但非常令人愉快。我每天晚上都能躺下来休息。那真是太棒了！大多数投身喜马拉雅登山热潮的人，他们把自己逼得太紧了。攀登阿尔卑斯山，速度是关键，但在喜马拉雅山脉，你得放松，缓慢但坚持不懈地前进。人们把山峰当作要“击败”的敌人，但你无法击败一座山。它们压根不在乎。所以放轻松点。我喜欢待在山上，所以会尽可能多停留一会。

我每年进行一次冒险，离开一个月（去冒险），年年如此。我个人并没有放长假的正当理由，但我可以自欺欺人，相信冒险是有用的，能让我成为一个更优秀的人！

这样有点残忍，因为没有妥协的空间。我太太得在我离开的时候更加努力地工作。我经常让家人伤心，有时会让大家心里怨恨。我女儿在我离开前两周都闷闷不乐。这样很自私，也会造成很大麻烦。做出这样的选择很艰难。我学会了做个混账一点的人，不去想太多，否则我会极度愧疚！但另一方面，这是我必须做的事情。我的家人也能理解这一点。我也因此成了一个更棒的人（笑）。

我很幸运，能和米克①一起攀登。他很出名。人们会给他寄照片和冒险的想法。于是我们在酒吧里碰头，他会拿些照片出来，我们会想“这个看起来很有趣啊”，然后再次出发去冒险。

通过“谷歌地球”你可以“直飞”山区，对它们进行研究。你也能看看它们如何随着季节变化，看看山的哪一边照得到太阳，哪一边是山阴，这样在攀登前你就能预先了解到很多信息。这样做的缺点是稍微削弱了探索的感觉。但反正，我们还能在这短

① 米克·福勒：英国海关税务署助理司长，负责股票和资产估值，同时也是登山界的传奇人物。——原注

暂的时间里塞进很多冒险嘛。

在“谷歌地球”上花费的时间很少是浪费。事实上，应该说“在‘谷歌地球’上花掉的大把时间很少是浪费”。米克会把这些图像在家打印出来，然后我们出发。这种做法很好使。只有那么一回，我们在天山，一头驮东西的骡子掉进湖里了。所有的地图都被浸透，颜色都晕开了！之后在山里的一个月，我们都没有任何地图可用，也挺有趣的！

只要凑出1000英镑，我们就能做点不错的事出来。为我赢得第一个金冰镐奖的冒险只花了850英镑。

安迪·科克帕特里克

攀登酋长岩超过20次。

我想，人们对结果的关注太狭隘了。他们光盯着顶峰，盯着终点线和前方的路，忽略了丰富多彩的经验本身。我经历过的最棒的攀登，常常是那些未完成登顶的冒险。

我经常进行预算非常紧张的旅行，也总是以攀登本身而不是攀岩者这项事业为先——如果你懂我的意思的话。这意味着我永远不会有大笔的冒险预算。通常预算就是800英镑左右，其中的一半都会花在机票上。

我今年到南极的旅行得到了挪威资助者的捐助。这要花掉很大一笔钱，多到让我心里不安，因为当我们从南非飞往南极的时候，在当地看到很多贫困的现象，更别提光这笔钱就足够支持我下半辈子的所有冒险了。

我经常开玩笑说我去的从来就不是探险，而是度假，而且我坚持那种“阿尔卑斯风格”的旅行，就是只带一个探险背包和行李包就够。这样做的目的，在于不必为额外的行李付钱——我从没为这个花过钱！

这个方法在南美和阿拉斯加的时候很管用（我度过了五个巴塔哥尼亚假期），我也从未对需要一大堆蓝色储物桶、搬运工和联络官（Liaison Officer，LO）的旅行感兴趣过。人们常常会执着于装备，觉得你需要有人赞助才能去攀登大山，但还有很多便宜得很的器材，能让你比往日的明星团队装备得更充分。而且你可能已经拥有所需的大部分装备了，说不定你还能从买了装备却一直没有勇气登山的朋友那里借！

“哪怕靠每周27英镑的救济金生活，我也要搭便车到峰区或者湖区，进行跟去南极一样酷的冒险。”

我在商店工作，年收入只有13000英镑的时候，每年还用一个月的无薪假期去登山，而有正经工作的人（医生、建筑师、律师）在听完我的讲座以后会走过来问我怎么负担得起这样的冒险。如果你真的想要做一件事情，金钱不应该成为一个限制因素。哪怕靠每周27英镑的救济金生活，我也要搭便车到峰区或者湖区①，进行跟去南极一样酷的冒险。我一直有这样一个想法，就是每次签字领救济金后（每两周签一次）就骑上自行车，看看我两周能骑多远。钱不是借口。

2016年从南极回来之后，我有两个月没有工作。我银行户头里有20英镑，还有一个

---

① 峰区（Peak District）和湖区（Lake District）：峰区位于英国中部，奔宁山脉南端。湖区位于英格兰西北部。两者都是英国著名的国家公园。

因为我一直不好好照顾小孩而愤怒的前妻，这就是现实。但如果你努力工作，心怀目标，你总能找到钱；也许不够攀登珠峰所需的50000英镑，但足够你去玻利维亚或者摩洛哥了。

我建议从周末攀登威尔士的14个山峰开始，然后是在黄金周到湖区参加鲍勃·格拉汉姆越野赛①，然后是到苏格兰参加拉姆塞越野赛②。在那之后，尝试一座一座征服“门罗级”山峰③，以及《经典攀岩（*Classic Rock*）》一书中的所有路线。在进行这些冒险的时候，尽可能多读英国的登山历史——读所有的经典故事。然后是尝试征服所有经典的苏格兰冬季冒险路线，特别是那些在本内维斯山上的，还有高地上那些更偏僻的路线。

现在你的基础已经打扎实了，是时候去阿尔卑斯山了。用几年时间搞定所有4000米以上的山峰，你看怎样？要不要再加一些在挪威攀冰和滑雪登山的体验？

接下来就是攀登艾格峰、马特洪峰和大乔拉斯峰的北坡（至少有一次要在冬季攀登）④，这会让你有一个飞跃，准备好到阿

---

① 鲍勃·格拉汉姆越野赛（Bob Graham Round）：在英国湖区国家公园举办的一项越野赛跑。鲍勃·格拉汉姆于1932年创下24小时翻过42座湖区小山的越野纪录。翻越42座山以及不间断进行24小时越野，后来成为完成该项赛事的两种标准形式。

② 拉姆塞越野赛（Ramsay's Round）：在苏格兰威廉堡附近举行的一项越野赛跑。路线为环形，要翻越包括本内维斯山在内的24座海拔900米以上的山峰。

③ 门罗级山峰（Munros）：指苏格兰境内超过3000英尺（914米）高的山峰。

④ 艾格峰（Eiger）位于瑞士，北坡一部分是垂直落差达1800米以上的岩壁。马特洪峰（Matterhorn）位于意大利和瑞士边境，攀登路线以北坡难度最高。大乔拉斯峰（Grandes Jorasses）位于法意边境，也是以北坡路线最为险峻。这三座山并称欧洲三大北壁。

拉斯加攀登迪纳利峰[1]，还有攀登阿空加瓜山的旅程[2]。如果你愿意，可以继续去见识一下七大高峰的其他成员，但你已经征服了其中最省钱的两座山峰，要是我的话，就这样算了（其他清单也不过是美妙攀登点和冒险的速写）。

到这里，离你从斯诺登峰[3]起步已经过去十年甚至二十年了。你有足够的攀登经验，在山上度过了不可思议的时光，你知道攀登珠峰不过是在浪费时间而已。

你不再是什么都不懂的梦想家，而是理解登山的乐趣和残酷现实的人。对大多数人来说，攀登珠峰不会带来真正的快乐，只有痛苦。把钱花在对你灵魂有益的攀登上，而不是花在那些满足你自负心理的攀登上。

威尔·寇普斯特伊克

进行为期一年环游苏格兰的冒险。

我进行了一次差一天就满一年的冒险。一个人划皮艇在苏格兰各地漂流，然后骑行越过282座海拔超过3000英尺的山峰回家。这些山峰就是声名显赫的“门罗级”山峰。我想要探索家门口的景色和文化，这趟从低地到“门罗级”山峰的冒险是一趟很私人的旅行，是为了证明你不需要去很远的地方，也能进行大冒险。

---

① 迪纳利峰（Denali）：位于阿拉斯加州，海拔6194米，是北美洲第一高峰。旧官方名为麦金利峰，2015年更名。迪纳利（Denali）在当地原住民语言中即为“高峰”的意思。

② 阿空加瓜山（Aconcagua）：位于南美的安第斯山脉，是亚洲以外的最高峰，同时也是西半球和南半球的最高峰。

③ 斯诺登峰（Snowdon）：位于威尔士北部，为英格兰和威尔士的最高点。

我发现了冬季在无数的山顶日落和凛冽寒风中给我的回报。漫长的夜里，我依靠阅读和平衡饮食对抗寒冷和湿气。在12个月里，我感受过狂喜，也痛哭过，在陌生人身上收获过友情，也和我的国家建立了过去从未体验到过的亲密关系。

凯尔·德姆普斯特

职业阿尔卑斯山登山家和金冰镐奖得主。

虽然我称自己为职业登山家，但我知道这份工作是有尽头的，有一天我可能不会想继续进行和今天同等水平的攀登。与其做一个谈及过去滔滔不绝的过气老登山家，我想改行去做其他事情。我们拥有的咖啡店有一天会支持起这些活动和冒险。我也真的很喜欢咖啡。

我曾经到过巴基斯坦五次，到过中国的偏远地区三次，也去过几次南美，到过加拿大北极地区两次。我出发（到吉尔吉斯斯坦骑行和登山）前就知道自己要做什么。中亚就像一个现代的狂野西部：基础设施是有，但少，而且相隔很远。快乐似乎与艰苦的生活结合在一起。

作为一个登山家，我对真正的专家怀有极大的敬意。但我也十分尊敬那些以90%的效率做很多不同事情的人。专家似乎太专注于一件事，以至于忽略了生活中还能追求其他很酷的事情。万事通的人能做到很多事情，但他们永远不会为一项运动或活动的发展做出贡献，也不了解突破一件事的可能性是怎样的一种感觉。

布兰登·莱昂纳德

自称是个平凡的登山家和冒险家。

我想户外活动能带来几种不同的启发。比如你要想看一部登山录像的话，看到像亚历克斯·洪诺德①或者克里斯·夏尔玛②这样真正在行的人就会很激动。攀岩媒体总是绕着高分区转。我很爱攀岩，但我永远没法到达5.13、5.14的分区（最高标准）。我觉得对精英的重视太过了，尽管并没有多少人能达到这个水平。我想，为什么不谈谈人们在攀登时的感受呢。因为不管这个攀登路线得分高不高，人人都能理解攀登富含挑战性的山峰岩壁时那种感受。虽然不是什么K2③或者珠峰，但对我来说攀登12000英尺高的山就很有挑战性了。那上面空气稀薄，真的很累人。所以如果你能捕捉到这些人共同的感受的话，你就是在对所有人说话。

我喜欢到山区或者沙漠里，到这些广阔的地区去体验一下敬畏之情，去挑战一下极限，去受一点点惊吓，感受一下手足无措。

凯尔·汉宁

徒步和骑行从非洲的最低点旅行到最高点。

只靠自己的力量，我用了68天孤身从非洲大陆的海拔最低点旅行到最高峰的峰顶。旅程从吉布提的阿萨勒湖④开始。那里的海

---

① 亚历克斯·洪诺德（Alex Honnold）：美国著名的攀岩家，以徒手攀岩和大岩壁攀登闻名。
② 克里斯·夏尔玛（Chris Sharma）：美国著名的攀岩家，以抱石和竞技攀登闻名。
③ K2：又称乔戈里峰，是世界第二高峰。
④ 吉布提（Djibouti）共和国为位于亚丁湾沿岸的东非国家，阿萨勒湖（Lake Assal）位于该国中西部，是一个火口湖，也是非洲海拔最低点。

拔比海平面还要低516英尺。我骑行了1900英里，穿越埃塞俄比亚和肯尼亚，来到位于坦桑尼亚的乞力马扎罗山脚下。我丢下自行车，徒步走上乌胡鲁峰[1]的峰顶，那里的海拔是19340英尺。

那一趟旅程始于炎热而布满岩石的沙漠，终点则位于四个国家以外的一片冰川上。在这两个极点中间，沿途会经过森林、湖泊和巨大的城市。

说实话，我希望自己当初能知道得更少一些。旅行最美好的一面，是以开放的心态发现新事物。知识可能会带来偏见，带来未被满足的期望和怀疑。适当的天真和幼稚则会帮助我继续前进，也让我不对冒险项目顾虑太多，允许人们走进我的生命中来。

乔恩·穆伊尔

登山家，冒险家。

我只在珠穆朗玛峰登顶过一次。说实话，我真的搞不懂珠峰热。是的，它是我孩提时代的梦想，但随着我的登山家的生涯获得成功，我在登顶珠峰之前就已经登上过好几座技术难度特别高的山峰了。我是说，基本上登珠峰就是在高海拔地区徒步走上一个山丘。你不需要成为登山家就能登顶。你只需要真的真的很想做到这件事，然后有很多很多钱。夏尔巴人才是珠穆朗玛峰上真正的登山家。如今，大部分登珠峰的人只不过是没什么技术的冒险游客。媒体经常炒作诸如“七大高峰”和14座26247英尺以上的高峰（多神奇的数字啊！）（其实更常见的说法是8000米以上的高峰）。这些山峰如果从普通路线上去甚至算不上“攀登”。人人都只是想加入登顶者的行列，或者，如果说的是极地徒步的话，就是想通过快一点完成同一件事来打破纪录。澳洲的登山家20世纪80年代在喜马拉雅山脉攀登过的新路线，比之前和之后那么多年的加起来都要多。新路线或者没有攀登过的山峰从来就不少，但人人似乎都只想去爬媒体告诉他们的那几座山。这真的太缺乏想象力了。

[1] 乌胡鲁峰（Uhuru peak）：乞力马扎罗山有三个火山锥。乌胡鲁峰位于最高一个火山锥的火山口沿。

除了像珠穆朗玛峰这样的战利品型山峰，登山冒险通常没有你想象的那么昂贵。很多我们的受访者描述过激动人心的攀登，那都是用不到1000英镑完成的。安迪力劝人们“把钱花在对你灵魂有益的攀登上，而不是用在满足你自负心理的攀登上”。他身体力行努力存钱，然后去攀登玻利维亚或者摩洛哥等地的一些比较省钱的山峰。

虽说这些故事里的冒险预算都是相似的，但故事里的冒险者绝对不是。蒂姆不介意我说金冰镐奖的两度获得者保罗是比他优秀得多的登山者。布兰登对鼓励普通人去登山的热情非常鼓舞人心，但他也坦率地承认自己觉得12000英尺高的山峰非常棘手。毕竟，记住攀登重于登顶这一点还是很重要的。安迪认为人们常常忽略了丰富多彩的经验本身。

“开始的时候不知道自己能不能获得某些东西是很正常的，你不能指望一开始就知道所有答案。”

蒂姆坚定地认为专业技术水平不是大冒险的门槛。他进行登山冒险的方式（谷歌搜索“世界山脉”）简单得令人耳目一新，对任何想要尝试攀登高点的人来说也具有启发性。山毕竟是相对的：比如英国的山峰，它们矮得可怜，但景色秀美，同时也具有独特的挑战性。它们成了绝好的背景，衬托着威尔长达一年的国内探险。这趟旅程也证明了你不需要去很远的地方，也能进行大冒险。

在这个星球的另一端，格兰特做了同样的事情。他用自己的想象力策划了一次穿越新西兰的冒险。凯尔前往非洲之巅的旅程与

之十分相似，即使是并非专家的冒险者也很容易实现。我喜欢这些在冒险计划中结合不同交通方式的点子。（我最喜欢的例子来自已故的戈兰·克洛普[①]，他从瑞典骑行到尼泊尔，在攀登过珠峰后再骑行回家。）

山峰的吸引力是这些故事的共同主题。对保罗来说，它是自己一年一度的自我犒劳；对前面章节里提到的吉米来说，它是摔伤脊椎后治愈人心的使命感；而对凯尔来说，“快乐似乎与艰苦的生活是交融的”。

在如何启动一次登山冒险的问题上，格兰特提醒我们：“你不需要在开始计划旅程的阶段就想出所有的答案。开始的时候不知道自己能不能获得某些东西（比如金钱、体格、装备等等）是很正常的。你不能指望一开始就知道所有答案。”

---

① 戈兰·克洛普（Göran Kropp）：瑞典冒险家和登山家，于1996年骑行往返瑞典和尼泊尔，途中不用氧气瓶和当地夏尔巴人协助，独自登顶珠峰。

日常
EVERYDAY

不过，冒险到底是什么呢？一个人的冒险也许是另一个人的假日。一个人的冒险也可能是另一个人的痛苦修行，或者是另一个人的日常生活。所以我一直秉持着不给这个词下绝对定义的原则。冒险对不同的人意味着不同的事。

我认为冒险应当包含做一些新的、不一样的、困难的事。它让你挑战自己，承担风险，将平凡抛诸身后。它需要你怀有好奇心和开放的心态。

对一些人来说，冒险意味着以特殊的方式发掘人类的潜能。而对另一些人而言，冒险意味着到世界各地进行狂野的、充满雄心壮志的旅行，他们不愿意让自己囿于一个环境或者一种旅行方式。对于其他一些人，冒险意味着让旅行成为自己的事业，成为自己永在创造的爱，或者意味着到另一种文化中生活。还有人追求和自己的孩子分享这个世界。而还有一类人哪里都不去，他们在自己家里做出充满冒险性的选择，过着超脱常规、给人启迪的生活。

来自其他冒险者的智慧箴言

尼克·韦斯顿

曾在树屋里住了六个月。

我一直对冒险感兴趣，但从没觉得自己会成为跑到世界另一边去冒险的人。我想在离家很近的地方做个项目，更接近于一种生活方式吧。在伦敦的经济陷入不景气的时候，我决定要搬离这里。那时我在做自由职业，基本接不到什么工作。我开始寻找方法来简化自己的生活，为自己做点事，而不仅仅是为了有钱交电费、交房租、买吃的等而工作。离开城市到森林里过自给自足的生活，就成了一个很有吸引力的想法。反正我以前是个很野的小孩，成长过程中也做过不少这样的事了。这样卸下了很多成年人会承担的责任，就有点像是重新做回小孩一样。你回到了那种一切皆有可能的心态里。那对我来说是冒险非常重要的一部分。我想，住树屋而不只是睡帐篷这个点子使冒险的决定变得更加板上钉钉。并且，树屋是每个孩子的梦想，所以这跟我的追求也十分契合。

于是我离开了伦敦，搬到了森林里。我住在一块防水油布下，一边到处搜集各种树皮、垃圾和废料——任何我能找到的东西。我画了一些草图，建造树屋花了大概六周左右时间吧，它有点像个可再生天然材料的集合体，总共花了300英镑。当时的工作相当繁重，我一边建造树屋，一边还在开垦一块菜地，一个人挑起所有事情。项目的设想是在树屋住六个月，从四月住到十月底，我自己打猎、钓鱼和采集食物。

我很快就养成了日常习惯。我知道自己的资源都在哪儿，知道怎么钓到鱼，知道去哪里能采到蘑菇，我知道要去什么地方找到各种不同的食物，我的菜地长满了菜。是的，那真的是最有意思的部分，因为我安定下来了，知道每样东西都在哪儿，也确切地知道它们的最佳状态是什么时候。

我能明白为什么狩猎采集者会群居，因为你可以分配工作，不同人做不同的事，换做是一个人做所有这些不同的事情就会变得十分忙碌。木材一直是头等大事，因为要生火，还有就是收集水和食物，这些就是你（每天）必须要操心的事了。你的生活质量会打点折扣，实话说有些晚上我是饿着肚子睡觉的。不过，是啊，那就是这个项目不可或缺的一部分。

打动我的是项目中放慢节奏、适应一系列新规则的部分。虽然准确来说，我适应的不是新规则，只是一种新的生活方式。

科尔斯蒂·佩灵

鼓励她的家人过充满冒险精神的生活。

我们一家人曾在超过20个国家徒步、骑行和划船旅行。我们不是那种四处奔波的家庭。我们把冒险安排在工作、读书和家庭生活的间隙。我们曾经和刚学步的孩子、十岁上下的孩子以及正处在青春期的青少年一起旅行和进行户外冒险活动。而且，跟盛行的观念不一样，我们觉得让一个青春期少年离开卧室完全是有可能的！实际上，孩子们进

入青春期以后，我们觉得更重要的是要找到和他们沟通的方法，帮助他们保持与我们之间的感情联系，以及与他们所处的环境之间的联系。

冒险让孩子们看到生活有很多种方式，谋生也有很多种方式。它教会了我们很多关于自己的事情。它教给了我们韧性和耐性。孩子们都学到了受用终身的技能，我的女儿和我变得更加勇敢。冒险也让男孩子们更热衷于追求刺激，他们也许有点太喜欢生火了！

坎迪丝·罗斯·拉尔顿

以艺术和冒险为生。

目前是哪里出现机会我就去哪里。我以前没想过旅行也会成为我的工作，现在却已经和我的工作、生活融为一体，所以基本上没什么大的区别。我旅行的时候，它既是工作和娱乐，也是我的生活。它们共冶一炉，我对此心怀感激。

我大学一毕业就开始这样生活。那时我对自己在做的事情一无所知，只是一边上路一边学。

我离百万富翁差远了。我感觉人们知道我少赚了多少钱以后都会惊呆的。我靠给网站和一些机舱杂志写稿为生，也在Etsy[①]上卖一些定制的画作。

菲比・史密斯

首位在英国本土各个极限点独自露营的女性。

大概十年前，我懵懵懂懂地离开了大学，迫切想要看看世界。我旅行了两年，积累了当记者的经验，遇见了一些极好的人，经历过一些一生难得有一次的相遇。但之后我回家了，然后，就像典型的旅游后遗症一样，我没钱了，也觉得老家没什么激动人心的事可做。于是我开始徒步。短暂的步行变成了一走一整天，走容易走的路径变成了涉足越来越荒凉的地方，最终，我开始自己一个人在英国各地野外露营（在露营地以外，没有厕所和浴室的地方扎营），到任何能找到的地方追寻我的野性——直到我给自己设定了“极限睡眠挑战”，到英国本土的各个极限点露营。

我热爱在荒郊野地里寻找睡觉的地方。这个冒险最美好的一点就是没有结束的日期——同时它也能和我日常当旅行编辑的全职工作兼容。我为当下这一刻着迷。自我从第一次独自露营活着回来开始，我就在搜寻更古怪、更不寻常的地点来躺下（睡觉）——我在山顶上打开睡袋，在巨石下栖身，睡过老旧的二战“超级堡垒”战机，也曾在村舍[②]里过夜——总之地点越荒僻越好。而最棒的一点是，除了到达徒步起点的交通费用，这

① Etsy：一个手工艺品销售网站。

② 村舍（Bothy）：苏格兰乡村地区和野外建有的小屋。过去主要供牧羊人和农村工人歇息，如今也常有到苏格兰旅行的冒险者在里面过夜。本页的菲比・史密斯女士曾为这些村舍著书。

样的冒险没花我什么钱。在英国，我们有幸拥有一些世界上最好的地图，而英国地形测量局[1]的地图就是你探索野外的关键。一旦你计划好自己的第一次野外过夜之旅，马上打包好行李，把行李放在自家前门或者车后厢。我把这个行李叫作我的“出门包”。这样，当你碰上合适的天气，你就没有借口可找了。你已经准备好要走了。

珍·本森

和丈夫以及两个年幼的孩子一起在帐篷里过了一年。

在帐篷里过一年的想法结合了我们想要好好挑战自己的欲望和探索英国美丽郊野的需求，也使我们一家人冒险成为可能。以前，我们时不时会想，和小孩子一起接受冒险挑战到底有没有可能。出乎意料的是，靠着一点创造力和巧克力，我们证明了这样的冒险是可行的。

“我们想要完全融入这种生活方式一段时间，专注于生活的过程，专注于每一刻。”

我们征服过高山，在野外露过营，爬过树，跳到过湖里，在河里游过泳。我们曾经为晚饭四处觅食，也曾连续几天徒步旅行。这些都是跟我们的孩子一起进行的。我们想要完全融入这种生活方式一段时间，专注于生活的过程，专注于每一刻。

① 英国地形测量局（Ordnance Survey）：英国一个非内阁政府部门，是英国的国家测量机构以及世界上最大的地图制造商。

要为这一章里的人们写总结很不容易。也许他们的一个共同点就是追随自己的内心，追求对他们而言激动人心且富有意义的重要冒险。他们尽其所能实现自己的梦想，而不是为自己走上了超出社会常规的路而担忧踌躇。

他们也许是在追求一种新的生活方式，不管是像珍和她的家人一样住在帐篷里，还是像尼克一样住在一座树屋里。他们也可能是在为把冒险融入日常的忙碌生活而共同努力，比如菲比或者科尔斯蒂和她的家人。科尔斯蒂和她的丈夫约定好在第一个孩子出生以后也要让冒险留在他们的生活里。尼克对他“上班、干活、回家、吃饭”的伦敦生活日益不满，希望回到更令人兴奋的精神状态，让“一切皆有可能”。

坎迪丝把她对艺术和冒险的爱变成了工作。还有很多例子是人们找到方法，靠他们的冒险谋生，这章里大多数受访者都以这种方式为自己谋得了一方天地。坎迪丝鼓励那些有意以冒险为生的人：“我想任何人都能掌握所需的技巧和习惯，来让这种生活方式成为现实。”她也许不是个百万富翁，但现在当她去冒险，“它既是工作和娱乐，也是我的生活。它们共冶一炉”。你还能要求比这更多吗？

更大的冒险
GRANDER

极地旅行不便宜，你自然没法用1000英镑就搞定，它们的后勤工作量之巨大也十分令人生畏。如果你渴望到两极的雪白世界去，就得先克服这两个巨大的障碍。但有这样的门槛也是好事，因为名副其实的极地旅行很困难，并不适合不愿直面挑战奋力求生的人。

我之所以用“名副其实”这个词，是因为极地旅行不同于这本书里描述的其他冒险，你是有可能在自己实际成就上稍微误导一下别人（也许还有你自己）的。以下就是对这类旅行的一个基本的介绍：

北极：地理北极点是地球自转的轴心，位于地球的顶端，在冒险意义上也是最纯洁的地点。北极点上并没有树立标杆，只有你的GPS知道你已经到了那个点。它在北冰洋的中央，所以要到达那里你需要在海冰上行进。这使旅行变得非常艰难。你要绕过海冰的间隙（“冰区航路”），或者是跳过去、游过去，再不然就是乘雪橇划桨越过它。积压在一起的海冰会形成大片的冰砾地带，你不得不穿越它们。漂流的海冰也会让你偏离路线很远。北极熊是一个危险。空气湿度也很大，所以装备会受潮然后冻在一块。北冰洋是一个非常非常严苛的环境。

北磁极是你的罗盘指向的位置。它离地理北极点很远，也更受冒险者欢迎，因为它更容易到达，不过如果你不介意含糊其辞的话，还是能说“自己到了北极”来让别人觉得你很厉害的。这个极点的位置每年都会有所变动。人们常常还是喜欢去1996年的北磁极点，因为那里真的很容易到达（连我都差点到过那里了）。不诚实的冒险者（和杰瑞米·克拉克森[①]）有时会在造访过这个地点

① 杰瑞米·克拉克森（Jeremy Clarkson）：英国媒体人和作家，曾是《Top Gear》节目的主持人之一。

以后声称自己到达了北极点。

南极：南极洲位于地球的底端，是企鹅居住的地方。企鹅和北极熊只会在圣诞节的贺卡上相遇。南极是一片大陆，所以南极点位于陆地上，尽管那里的陆地覆盖在几英里厚的古老冰层之下。地理南极点的海拔有9000英尺高，而南极也是地球上最冷、最干燥和最多风的大陆。在南极旅行通常比在北冰洋旅行要容易。南极点之旅会通过一些有冰层裂隙的地区，但大部分的旅程都位于平坦又毫无特征可言的极地高原上。作为探险家阿蒙森和斯科特的英雄与悲剧故事发生的地方，今天的地理南极点上矗立着的是“阿蒙森-斯科特”南极研究站。这座美国建造的丑陋巨物让南极点变成了一系列大型仓库。确切的南极点上树立了一根杆子，杆子上有一个俗气的闪亮铜球，你可以在那里摆姿势合影。那里还卖雪糕，有一座电影院和一个礼品店。

尽管野性已被夺走，到南极点的旅程仍因前人的脚步而具备特别的意义。你也可以选择前往南磁极、南地磁极（位于南大洋）和南冰极（位于南极洲正中央——地理南极点比较靠近大陆边缘，对徒步旅行者来说是幸事）。

旅行到极点的方式也极大程度地决定着成就的等级：

直接坐飞机到极点。恭喜你！你很有钱。你的飞行为极地冰盖的融化添砖加瓦。请直接前往南极研究站里的礼品店。

“最后1纬度”冒险。很多人会付钱参加徒步最后1纬度到达其中一个极点的旅程，全程大概60英里，要在冰上度过几天，要自己拖运装备和露营。对很多人来说，这要么是他们的首次极地旅行，要么就是他们在有限的时间、专业能力或者体魄下能投入的极限。这是一趟很不错的旅行，也是很不错的成就。只是你到家以后最好悠着点，别隐瞒大部分路程都在坐飞机之类的细节，误导别人以为你是下一个拉努夫·菲因斯[①]！你已经做了一件很酷的事情了，没必要还拿这事来扯淡。

次之就是到极点的“全程”旅行。通常，简单来说，这意味着要从陆路出发（从俄罗斯或者加拿大）前往北极点。全球变暖让这项冒险在某些季节无法实现。在南极，这意味着走海路到达南极点（就像斯科特和阿蒙森那样）。但很多人把它理解成是从陆

① 拉努夫·菲因斯（Ranulph Fiennes）：英国探险家，也是多项世界纪录的保持者。

地边缘（如果所有冰盖都融掉，那就是南极洲与海相接的地方）走到极点。

“低悬于天际的午夜太阳，在一天的辛苦工作之后吃到热腾腾的饭菜的温暖，这些都将会是伴你终生的回忆。”

所以你看，这些东西听起来越来越难懂，也越发容易引起“谁的什么冒险更伟大”这样的小气争执了。所以现在我们把这个问题加进来：你会选择什么方式旅行到极点。你是自己上路还是跟团？你会聘一个付费的向导吗？那个跟有一名经验丰富的队友有什么不同？风向合适的时候你会用风筝来辅助前进吗？还是带狗（虽然在南极不允许带狗）？还是开雪上摩托？甚至开一辆拖拉机——因为有人开过拖拉机去南极。现在都没什么东西是神圣不可侵犯的了吗？你会带上全程需要的装备和食物，还是在路线上安排补给点补充食物？接受支援还是自力更生这个话题可是酒吧里滋生争执的沃土。路上安排补给点会让旅程更轻松，但也让资金筹措变得更难，投放补给的飞机飞一趟就要花掉10000英镑之多，哪怕由于天气原因飞机没法着陆投放补给。还有，如果你全程徒步到极点，自己带全部的食物的装备，但订一架飞机去那里接你回家，那算不算自力更生呢？当斯科特船长前往南极的时候，他已经在回家的半路上了，而真正艰苦的时刻还在后头。

别让这些复杂的问题打消你极地旅行的念头。如果你能凑到钱，如果你能学到生存的技巧来穿越这些恶意重重的土地，那你就进入丰饶的探险领域了。关于旧日探险的书籍激励人心，而极地的风景也引人入胜。低悬于天际的午夜太阳，摇曳的灯光，辛苦了一天，吃掉热气腾腾的一餐后窝在睡袋里的温暖，这些都将会是伴你终生的回忆和课题。我曾到过冰封的北冰洋，到过格陵兰，那都是我一生中最美好的冒险回忆。我曾花费5年时间为梦想着的南极探险做计划和准备，但最后却无力完成。这样一个未曾满足的野心至今狠狠地噬咬着我的心。

最后，如果地球的极点也不足以满足你漫游的渴望，还有极少极少数人迈出了最勇敢的一步：大胆地把我们的星球抛在身后，将自己的冒险精神带上太空，也许这才是最大的冒险？

来自其他冒险者的智慧箴言

马丁·哈特利

数次到北极探险。

旅程的准备工作会让你异常兴奋。但接下来，当你真的要上飞机的时候，你会迫切希望碰上糟糕天气导致的航班延误，这样你就不用上飞机了！接着，当你上了飞机，飞机起飞了，你就开始想："我真希望天气很糟，飞机找不到地方降落，这样我们就不得不打道回府了。我只想在温暖的床上再躺一晚。"而到了飞机真的着陆的时候，你想："靠！我又到这来了。天哪。"飞机舱门打开，冰冷的空气冲进来，飞行员一如既往地说："欢迎来到这个荒无人烟的地方。"然后就是短暂的恐慌，大家挨挨挤挤地下了飞机，把装备搬出来。飞机离开的时候，人人都只是呆站着目送它，一直看着，看着，直到飞机消失。但你还能听到飞机的声音，你还在盯着天空看。然后，飞机的声音也消失了。

飞机的声音消失的那一刻，大概就是探险最美好的部分，因为这就是探险开始的时刻——一切都是不确定的，这就是探险最美好的部分。

至于其他事情，那些每次都会发生的事情，就是如果你在旅行，你知道自己要在冰上度过六七十天，那头十天都是很激动人心的，因为你是冒险的行家；十天以后，你开始想："可恶。我还要过三十、四十、五十天这样的日子。天哪。"

当你坚持到第五十或六十天，你就会开始倒数自己再有几天就能离开，你开始希望天气转坏，以至于飞机无法按时到达，因为你真的不想它来载你离开。然后，当飞机真的抵达，你回到文明社会的那一刻，你开始想着什么时候再回来。这是非常反常的心理行为，根本没有道理可讲。你不在乎自己有多脏多丑，就是不在乎，这事根本不重要。

从摄影的角度讲，西伯利亚轻松胜出，因为它古怪得多。那里新事物更少，更有个性。虽然这可能不是真的，但西伯利亚的色彩似乎比加拿大更丰富。北冰洋是最美好的地方，地球上没有任何地方可以比得上它。那里就像一个冰冻版的熔岩流——这也许就是形容它的最好方式了。

美国人成功地破坏掉了南极圈的遥远感。真的，那里就是个工业园区。如果他们把南极极地站建在视线以外，建在三四英里之外，你还能站在南极点上思考斯科特或者阿蒙森在这里时想的是什么。但现在你没法那样思考了，因为南极点上有一座愚蠢至极的大建筑矗立在上面。但我想，比起北极，南极更多地与探险的浪漫联系在一起。你去南极的时候会有怀旧感。当你去北极的时候……你就只是冷。

本·桑德斯

滑雪到过南北极。

我尤其为上一次探险骄傲，就是斯科特探险，甚至到现在我都无法用言语形容。它比我想象的一切要艰难得多，光要让探险开始就格外地费功夫。

有那么那么多年，仿佛人人都在怀疑。

LAND
ROVER

我自己也在怀疑这事能不能成（光找赞助就花了十年）。光是能让探险开始，就已经让人感觉像是一个令人欢欣鼓舞的成就了，真的。所以那真是一次非凡的经历。它值得吗？我不知道该怎么回答这个问题。

我一直梦想着有个秘密的捐助人会给我一大笔钱，然后我就可以去进行一次秘密冒险，不搞赞助，不搞社交媒体，穿普通衣服，没有赞助商商标，没有旗帜，就这样直接出发，真的。我喜欢那样，但很可惜，我没有足够的钱，选择的冒险领域也贵得离谱。我总是需要找赞助。

现在我还在反复回味这件事，但很长一段时间我都在想象，自己一旦完成这趟旅行，一切都会因此改变。它会如魔法一般改变我的生活。当然，当我们到达旅程的终点，什么都没有改变。世上并没有一根魔杖在旅程结束时施下咒语。在某些方面来说，这非常扫兴。所以，期望菜鸟们客观地评价我和塔尔卡（我的探险旅伴）的旅程完全不现实。正因如此，塔尔卡是个伟大的旅伴，他完全不自负，完全不在乎外面世界对他的认可。他对公众知名度和名声全无兴趣，完全不为这些事操心。他连手机都没有。他是完美的队友，没有推特，没有Facebook，什么都没有。

（冒险开始之前）我们到格陵兰待了三周作为演习。那时我正处于接受赞助的高峰期，大量的钱不断进进出出，我们跟律师签了很多大额合同。一切都疯狂极了。不经意

间，我成了这桩古怪生意的CEO，公司一个月流水有数万英镑。我们雇了律师、会计师和公关人员，还请了一名实习生。办公室里一共有8个人，要支付大笔的工资。一切都疯狂透顶。我在想：“这都是怎么回事啊？”

然后我就突然置身于格陵兰，和塔尔卡一起，和这个为对荒野真挚的爱所驱动的人一起度过三周。这时机完美极了，因为它提醒了我为什么要走上这条道路。如果我是为公众知名度之类的事进行冒险，那我的精力就是用错地方了，因为我要做的事情专属于这样一个古怪的领域，真的没什么人会赞赏它。

我想最重要的一课是，一开始我很自负，想要扬名立万，证明自己。我不确定，大概就是想做点自己会为之骄傲的事情吧。而上次冒险给我的最重要的一课，就是舍弃执着的重要性，舍弃对成就的执着、对赞扬的执着、对批评的执着，还有舍弃对自我接纳和自我价值需求的执着。

我有不少次探险都失败了。我对那些旅程尤为骄傲，尽管我上一次北极探险的尝试甚至都没有开始！我们连合适的气象条件都没等到。我们筹了钱，做了训练，飞到了当地，但天气糟糕得让我们根本没法出发。我们等了三周，然后又错过了季节。

我尝试做一些对自己来说重要的事，一些感觉真的能挑战和拓宽我极限的事。完成一趟普通的北极旅行要简单得多：计划更长时间的旅程，多带点食物，队里至少有一个人有经验。但我想做一点有先锋性质的事情。

所以我挺骄傲自己能一直为这个目标奋斗，每一次跌倒了都能再爬起来，然后再试一次。当然，在每一次尝试、每一次经年累月的计划和训练中，我都学会了很多，这最终使斯科特探险成为一个切实可行的承诺。回顾当年的每一趟旅程，即使是最大的失败，即使是那些根本没有开始的旅程，它们都是关键的踏脚石，让我一步一步走到自己想去的地方。

具有讽刺意味的是，我不觉得自己有过一次彻底成功的探险。我的每趟旅程都没能成功实现所有最初定下的目标。但在这个过程中，我们做了一点很酷的事，我真正地提高了这个古怪小领域的标准。而且我是通过一次又一次跌倒做到这一点的。

回望过去，这话听起来很老套，但唯一的失败就是不曾尝试。那对我来说是唯一可接受的失败的定义，失败就是不曾尝试。

回望当时，地点的规模和偏远、环境条件的严苛、你经历的种种感受和情绪当然也十分重要。它们大起大落，我想这样激烈的变化一定有其让人上瘾的地方，因为作为人类，我们似乎都在追求激烈的体验。我们去听大型摇滚演唱会，去坐过山车，我们喜欢速度快的车，喜欢辛辣的咖喱或者喝得烂醉，喜欢诸如此类的事情。我们追求激烈的体验和事物。对我来说，不知怎么的，待在南极一顶冷冰冰的帐篷里就满足了我对激烈体验的需求。

詹姆斯·卡斯特里西恩

完成一趟往返南极点的旅程。

我觉得南极的旅程比横渡塔斯曼海更困难，因为在南极，你无法逃脱寒冷和狂风。而在海上，不管你离岸有1英里还是500英里远，大海都是那么美丽。鸟儿飞翔，你脱下了衬衫，晒晒太阳。水里有鱼在游。那种感

F11
DEAD END

觉真的相当不错。而在南极，我就没办法像这样停下来喘口气。南极的严苛是无休无止的。但在海上，我觉得你（在天气好的日子里）还能放松一下。

斯科特·帕拉辛斯基

宇航员，太空漫步者以及珠峰登顶者。

我真的不想炫耀，阿拉斯泰尔，不过我也曾经骑车环游世界。1994年我第一次上太空的时候，我们的飞行甲板上有一辆测力自行车，正对着航天飞机舱顶的舷窗，就好像那种观景的玻璃船一样。我在那上面骑了90分钟，绕了地球一周，时速达到了17500英里。很抱歉打破了你的美梦啦！

我想，所有探险者最初的目的都是冒险本身。小时候，我父亲为“阿波罗计划”工作，所以我房间的墙上有火箭模型和海报。我也梦想着自己成为一个探险者，成为第一个在火星留下脚印的人。

虽然现实跟当初的梦想有点差距，但我很幸运地获得了机会，去参与一些太空任务。突破万有引力的束缚、从极高处俯瞰地球，还有到达极少有人到达的地方——我想最初吸引我的只是这种鲁莽大胆的感觉。我觉得失重的体验，还有从那种超凡的视角注视着母星的经历，真是生命中最伟大的冒险。

去一个难以到达的地方，见识到一个非同一般的地方，我想这是冒险者共有的愿望。我喜欢你的“微冒险”概念，你不需要走很远来找到一个美丽又非同一般的地方。

生活中，好事永远不会自动送上门。我确定自己真的很想飞上太空时才5岁，我的第一次太空飞行发生在我33岁的时候。

我也曾攀登过珠穆朗玛峰。登珠峰和上太空的相似之处，是要做大量的体力和精神上的准备，需要大量的训练和装备。我记得自己在黑暗中离开高山营的帐篷，那是四号营地，海拔8000米高。我身上穿着防护服装，腰上穿着安全带，上面有扁带能快速地挂到固定绳索上。所以当我爬出帐篷的时候，我感觉自己仿佛是飘浮在航天飞机或者国际空间站的舱门外，因为外面就是一片虚空了。我突然感觉到了登山和太空漫步（Extravehicular activity，EVA）的相似之处。它们在物理上的威胁也没有多大不同。如果你在太空中做了错误的决定，你会直接飘走，或者没法回到气密舱里。峻岭上的登顶日就像是飘出舱门到外太空漫步的大日子。

不过，这两种活动之间也有很多不同。当你身处太空、在航天任务中或者任何一种航天飞行器里的时候，你会尤其感觉到发射阶段的威胁。然而，一旦你进入太空，你就会只是穿着短袖飘来飘去，不会多去想薄薄的铝制船体外就是虚空的宇宙这个事实。这样你就会感觉非常舒适和安全。

然而，当你身处喜马拉雅山或者别的什么大山上的时候，周围会非常冷，你还会缺氧。你离任何救援都很遥远，会时时刻刻感觉到威胁。

我认为，找到激动人心的挑战对我们的地面生活非常重要。就像你说的，大家不需要非得去爬珠峰，在那里待上两个月。你可以去爬本内维斯山或者别的，还有很多很酷的冒险是能在更短一点的时间里完成的。

我以更大的冒险结束这本书，是为了让大家的想象力开始驰骋。北极！南极！太空！我们谁没想象过坐火箭飞上天呢？当然，太空旅行会粉碎掉1000英镑冒险预算的可能性。曾经有个老故事说，NASA投资了数百万美元来开发在太空用的钢笔（故事说，苏联用铅笔就解决了）。但对一位宇航员的采访对我们那些更便宜的冒险还是很有意义的：它能让我们兴奋，提醒我们梦想要大，劝诱我们行动起来。

极地旅行也许听起来激动人心，但也无疑是困难的。马丁讲述了随着出发的日子临近，他从兴奋变得开始默默祈祷来个坏天气延后行程。詹姆斯觉得他的南极旅程比横渡塔斯曼海困难得多，本的南极之旅也比他预期的更要艰难。然而，极地的艰险是为先驱性行动奋斗的必经之路。

极地旅行十分复杂和昂贵，哪怕只是站到起跑线上都极其不易。本记得那许多许多年的怀疑——来自他自己和他身边的人。

“我的人生清单简直不能更满了。有那么多不同的地方我还想去看看。你只要有那个意愿，就能找到方法。所以我想你不应该制造借口，而是应该去创造机会做一点大事。”

到最后，忍受这样的痛苦值得吗？本仔细思考过这个问题：“我不太确定应该怎么回答。”但马丁很确定北冰洋是最美好的地方：“地球上没有任何地方可以比得上它。”也许地球上没有，但在这本书里，斯科特击

败了所有人。他突破了万有引力的束缚，在很少有人到过的太空注视着这个星球。

所以最后，我把话语权交给我们的宇航员冒险家。“人们总是在问我，‘你都上过太空了，你都登过珠峰了，还有什么可干呢？’我的人生清单简直不能更满了。有那么多不同的地方我还想去看看。你只要有那个意愿，就能找到方法。所以我想你不应该制造借口，而应该去创造机会做一点大事。”

探险者小传

汤姆·艾伦

冒险旅行作家和制片人。

曾骑行、划橡皮艇、徒步、搭便车和骑马在五大洲旅行。

@tom_r_allen tomsbiketrip.com

保罗·亚彻

企业家和环球出租车司机。

开着一辆伦敦黑色出租车环游世界。

@paul_k_archer daredevilproject.com

马克·博蒙特

冒险家、自行车手、作家和电台播客。

曾骑行环游世界和纵穿美洲以及非洲，也曾划船横渡北冰洋，并在划船横渡大西洋时意外翻船，却活了下来。

@MrMarkBeaumont markbeaumontonline.com

瑞秋·贝斯维斯里克

冒险家和作家。

曾徒步325公里，纪念建起 “死亡铁路” 的二战战俘。

@intrepidgirl intrepid-girl.com, deathrailwaywalk.com

安东尼娅·博灵布洛克-肯特

旅行作家。

在全世界进行过多次有点愚蠢的机动车冒险。

@AntsBK theitinerant.co.uk

戴夫·博乌斯基尔&黛比·科尔贝尔

旅行和冒险博客作家。

六年来，在七大洲超过100个国家进行不间断的旅行和冒险。

@theplanetd theplanetd.com

杰米·鲍尔比-惠庭

低预算探险家和作家：我希望过一个不需要假期的人生。

搭便车旅行过数千英里，曾在多瑙河乘筏漂流，并徒步穿越冰岛。

@jamierbw greatbigscaryworld.com

杰米·布恩楚克

记者、冒险家和长途跑手。

曾跑步穿越“不幸草原[①]”，骑马穿越哈萨克斯坦，也曾在塔吉克斯坦和蒙古同原住民猎人共同生活。

@bunchuk jamiemaddison.com

卡尔·布什比

冒险家。

徒步环球旅行。

@bushby3000 bushby3000.com

凯文·卡尔

极限探险者、冒险家和励志演说家。

最快跑步环绕世界一周的人：从四片大陆一端的海岸线跑步旅行到另一端，在打破纪录的时间内完成不间断绕地球一周的旅程。

@hardwayround hardwayround.com

詹姆斯·卡斯特里西恩

冒险家。

划皮艇横渡塔斯曼海，完成无支援往返南极洲海岸旅程的第一人。

@MyAdventureGroup myadventuregroup.com.au

---

① 不幸草原（Steppe of Misfortune）：即位于哈萨克斯坦南部的别特帕克达拉荒漠草原（Betpak-Dala）。

尼克·康纳

一个骑行的普通人。

从伦敦骑行到东京，只用了1000英镑。

@aroundinagrand

facebook.com/aroundinagrand

宝拉·康斯坦特

作家。

和骆驼一起徒步穿越撒哈拉沙漠。

@PaulaConstant paulaconstant.com

肖恩·康威

耐力冒险家。

完成“终极铁人三项”纵向穿越英国的第一人。

@conway_sean seanconway.com

蒂姆·寇普

作家、长途骑手和制片人。

用三年时间骑马从蒙古旅行到匈牙利，从俄罗斯骑车到北京，划船从西伯利亚旅行到北极圈。

@timcopejourneys timcopejourneys.com

威尔·寇普斯特伊克

自由职业的户外领导力培训师。

曾在一年之内驾驶皮艇环绕苏格兰，并在冬季攀登所有的“门罗级”山峰。曾徒步穿越冰岛，也曾在巴塔哥尼亚当皮艇活动导游。

@WillCopestake willcopestakemedia.com

戴夫·科恩斯怀特

冒险家。

千里探险（Expedition1000）：25次不使用机动车旅行超过1000英里。

@DaveCorn davecornthwaite.com

凯伦·达克

运动员和冒险家。

20年来通过自行车、海上皮艇和坐式雪橇进行冒险活动，有6年残奥会运动员经验（英国自行车队）。

@kdarke karendarke.com

凯尔·德姆普斯特

咖啡店店主。

职业阿尔卑斯登山家，曾骑着一辆自行车穿越吉尔吉斯斯坦。

Kyledempster.blogspot.com

伊安·登利

梦想追逐者。

曾骑行游欧洲和南美洲。

@DennersHQ dennershq.com

斯蒂夫·德维-琼斯

记者、作者和半职业便车客。

2008年从英国搭便车旅行到马来西亚，然后在2014年搭便车从阿根廷旅行到阿拉斯加。

@stevedewjones theruleofthumb2.wordpress.com

铁木真·多兰

制片人。

儿童绘本作家和探险制片人。

@studiocanoe studiocanoe.com

汉娜·恩格尔坎普

作家和笨拙的毛驴主人。

曾和一头名叫奇科的脾气古怪的毛驴一起，徒步1000英里环绕威尔士一周。

@hannahengelkamp seasidedonkey.co.uk

马特·伊文斯

护士、导游和土耳其烤肉爱好者。

走陆路从诺丁汉旅行到西贡。

@mattyevans75

安德鲁·福斯霍菲尔

作家和聆听促进者。

曾徒步4000英里穿越美国。

@aforstho walkingtolisten.con

亨里克·弗雷德里克森

工程师和冒险家。

曾进行过一次环球骑行，中间绕了两次意料之外的弯路。

@worldonbike_com worldonbike.com

杰米·福尔布鲁克

制片人、便车客和麻烦制造者。

10年时间都在到处跑，搭便车到各大洲旅行和寻找生命的平衡。

@onlybloodyhuman onlybloodyhuman.com

多明尼克·吉尔

制片人。

骑双人自行车环游世界并进行登山冒险。

@domgill dominicgill.me

艾德·吉列斯比

环保主义者、慢旅行者、作家。

不乘坐飞机环球旅行。

@frucool onlyplanet.co.uk

安东尼·古达尔德

冒险地图制作者。

自驾环游美国。

@anthonygoddard zerosixzero.org

吉米·古达尔德

青年社工和手动自行车手。

驾驶手动自行车登上乞力马扎罗山。

@jimmygoddard1

jimmy@jimmygoddard.com

爱丽丝·戈法特&安东尼·罗德尔戈

长途自行车手和制片人。

花了七年时间和全家人一起骑行环游世界。

mundubicyclette.be

克里斯·吉勒博

作家和麻烦制造者。

曾到访过世界上每一个国家。

@chrisguillebeau chrisguillebeau.com

哈利·吉尼斯

不受地点拘束的自由职业作家。

在美妙的地方借助笔记本电脑工作。

@harryguinness harryguinness.com

阿尔帕德·哈坎伊&济塔·萨鲁格

骑行环游世界来度蜜月。

@360fokbringa 360fokbringa.hu/en

马丁·哈特利

探险与冒险摄影师。

曾参加过全球28次探险，4次完成到地理北极点的全程探险。

@martinrhartley martinhartley.com

巴里·海耶斯

海洋船手。

划船4000公里横渡太平洋，从加利福尼亚抵达夏威夷。这是世界首次人力横渡第一大洋竞赛的一部分赛程。

@Barry_Hayes barryhayes.co.uk

蒂姆·霍宾

作战行动指挥官。

划着一艘从eBay上花50英镑买来的皮艇在恒河泛舟。

tim.h@wwdas.com

安娜·休斯

长途自行车手和作家。

曾骑行和驾驶帆船绕英国海岸线一周。

@EatSleepCycle annacycles.co.uk

格拉汉姆·休斯

属于世界的人。

成功完成了首次不乘飞机到访世界上每一个国家的旅程。

@EveryCountry grahamdavidhughes.com

尼克·亨特

作家、说书人。

曾从荷兰角港徒步前往伊斯坦布尔，重走帕特里克·雷·费默的旅程。

@underscrutiny nickhuntscrutiny.com

亚当·琼斯&苏珊·威尔福德

学生。

骑山地自行车在冰岛旅行。

马克·考尔克

冒险船手。

七大洲的七条河：在各大洲最长的河流上从源头划船到入海口。

@markkalch 7rivers7continents.com

詹姆斯·科切尔

连环冒险家和演讲家。

曾攀登过珠峰，骑行环游过世界，划船横渡过大西洋。

@CaptainKetch jamesketchell.net

库·金

终生流浪者和旅行作家。

从1985年起背着越来越小的背包探索这个星球！

@JourneyJunkies journeyjunkies.co.uk

贝琳达·科克

探险者连线（EXPLORERS CONNECT）和大本营节（BASE CAMP FESTIVAL）的创办人。

20年来都在组织丛林、沙漠和高山中的冒险摄制、科学探险以及青年探险活动，创下划船环游英国的世界纪录。

@explorerstweet explorersconnect.com

安迪·科克帕特里克

登山家和作家。

不会采取稳妥或简单的方法冒险。

@psychovertical andy-kirkpatrick.com

马克·兰伯特

企业调查员、兼职登山家。

单人徒步环绕马达加斯加岛一周。

theatlasdiaries.com

阿奇·里明

摄影师。

曾骑摩托车穿越非洲，曾划独木舟和骑行穿越刚果。

@archieleeming archieleeming.com

布兰登·莱昂纳德

冒险作家。

骑行穿越美国，穿过科罗拉多州的桑格累得克利斯托山脉[1]。

@semi_rad semi_rad.com

---

① 桑格累得克利斯托山脉（Sangre de Cristo Range）：属于落基山脉的一部分，跨越科罗拉多州南部和新墨西哥州北部。

罗伯·利尔沃尔

冒险家、作家、演讲家。

曾从西伯利亚骑行到伦敦，途径巴布亚新几内亚和阿富汗。曾徒步纵向穿越中国。

@roblilwall roblilwall.com

海伦·洛伊德

现代流浪者。

骑马、沿河漂流和徒步进行长途冒险。

@helenlloyd helenstakeon.com

汤姆·洛伊德–史密斯

建筑工程项目经理。

从英国骑行到印度。

@tomlloydsmith tomlloydsmith.com

安迪·马德雷

见习极地探险家。

曾从伦敦骑行到悉尼为战地儿童公益组织（War Child）募款，现正为“最后的极地（Last Pole）”探险受训。

@agmadeley andymadeley.com

瑞安·曼瑟

先锋探险家。

四度创造世界首次的现代探险纪录。

@riaanmanser riaanmanser.com

利亚姆·马丁、杰米·海耶特&博纳米·诺曼

一群C90小摩托梦想家，也意外地成了制片人。

因为一时冲动，他们几个骑着破旧的本田C90小摩托一直骑到了一个希腊的小岛上，沿途拍了些录像，然后学会了怎么制作一部影片。

@C90Dreams, @LiamMartinFilm

c90dreams.wordpress.com, liammartinfilm.com

莱昂·麦卡隆

冒险家、制片人。

人力冒险说书人。

@leonmccarron leonmccarron.com

杰米·麦克唐纳德

冒险家、演说家、（兼职）超级英雄。

曾跑过5000英里（或者200个马拉松）穿越加拿大。

@MrJamieMcDonald jamiemacdonald.org

克里斯·米拉尔

全职治疗师，兼职冒险家。

靠骑行、跑步、搭便车，或者七拼八凑的手段进行冒险。

@chrisjsmillar goo.gl/qaY1FN

蒂姆·摩斯

冒险家。

曾骑行环游世界，攀登没人爬过的高山，穿越过一个沙漠。

@nextchallenge thenextchallenge.org

约翰（乔恩）·穆伊尔

励志演说家和荒野向导。

四十年来进行过攀岩、登山、穿越沙漠、极地探索、海上皮艇以及海上帆船等冒险。

@suzanmuir jonmuir.wikispaces.com

凯莉·奥尼尔

长期旅居者。

曾从自己家（布里斯托尔）骑行到罗马，很擅长到某地度个周末之后就在那里住上一整年。

@kezoneill howtobeanadventurer.com

莎拉·奥滕

陆地与海洋探险家。

曾在北半球骑行、划皮艇及划船冒险。

@SarahOuten sarahouten.com

伊安·M·帕克汉姆

冒险家、探险作家和演讲者。

曾使用公共交通工具绕非洲一周，现在正在全世界探索不走寻常路的冒险。

@ianMpackham encircleafrica.org

斯科特·帕拉辛斯基医生

他是宇航员、太空漫步者、教授、发明家、喜马拉雅山脉登山家、潜水员、医生，以及一名父亲。

五度参加太空任务的宇航员，七度进行太空行走，也是珠峰登山家。

@AstroDocScott parazynski.com

科尔斯蒂·佩灵

专栏作家与家庭旅行作者。

曾在数个大洲与家人一起骑行了超过20000公里，还进行过很多次其他家庭冒险和微冒险。

@familyonabike familyadventureproject.org

泰甘·菲利普斯

长途自行车手和冒险漫画作家。

曾骑行穿越西班牙和非洲。

@Unclippd unclippedadventure.com

罗尔夫·波茨

旅行作家。

环球旅行家，曾不带任何行李以及背包环球旅行。

@rolfpotts rolfpotts.com

马特·普莱厄

飞行员。

曾为各种各样的理由（大多是为了好玩）驾驶各种各样的交通工具到过各种各样的地方！

@mattprioruk mattprior.co.uk

梅娜·普利查德

作家、制片人和登山家。

在全世界进行家庭冒险。

@Menna_Pritchard magneticmountains.com

保罗·拉姆斯登

卫生安全咨询师。

攀登过很多高山。

格兰特·“大斧”·劳灵森

人力冒险家。

顶峰到顶峰探险：全靠人力进行起点和终点都在有趣的山峰顶上的探险旅程。

@axeoneverest axeoneverest.com

坎迪丝·罗斯·拉尔顿

作家和素描画师。

驾驶机动三轮车行驶3000公里穿越印度。

@candacerardon candaceroserardon.com

本·桑德斯

极地探险家。

首次完成了那段击退欧内斯特·沙克尔顿爵士[1]、害死了斯科特船长[2]的南极探险旅程。那段全长1800英里的艰难跋涉打破了最长人力极地旅行的纪录。

@polarben bensaunders.com

帕特里克·马丁·施罗德

冒险家。

正致力于到世界上每一个国家旅行。

@world_bicyclist worldbicyclist.com

菲比·史密斯

极限睡眠者、作家和演讲家。

首位在不列颠岛各个极限点睡觉的女性，狂热的野外露营爱好者，也是唯一一本英国村舍旅行书的作者。

@PhoebeRSmith phoebe-smith.com

艾德·斯塔福德

探险家。

曾徒步穿越亚马孙地区。

@Ed_Stafford edstafford.org

乔夫·萨默菲尔德

大小轮自行车制作者和冒险家。

曾两度骑着一辆大小轮自行车环游世界！

@JoffSummerfield pennyfarthingworldtour.com

罗西·斯威尔-波普

环游世界跑手、单人帆船手、作家。

五十年的航行与冒险。

@RosieSwalePope rosieswalepope.co.uk

谢琳·泰勒

四处漫游的摄影师。

曾在亚洲和南美洲进行为期两年的骑行旅行。

@awanderingphoto awanderingphoto.com

英格丽德、肖恩&凯特·汤姆林森

植树者和在读学生。

全家一起进行从加拿大北极地区到巴塔哥尼亚的骑行冒险，曾驾海上皮艇沿不列颠哥伦比亚省和阿拉斯加的海岸航行。

罗伯特·特维格

多才多艺的艺术家、作家和冒险家。

重走旧日冒险家在河流与沙漠探险的路线。

@roberttwigger roberttwigger.com

萨图·万斯卡-威斯特加斯

职业旅行家、作家和本地冒险家。

她从一名激流皮艇手转为长途自行车手，目前正在思考下一次冒险该做什么！

@SatuVW todestinationunknown.com

奥斯丁·文斯

冒险旅行电影节的策展人。

曾多次驾越野摩托车环游世界。

@AdvTravFilmFest austinvince.com

---

① 欧内斯特·沙克尔顿爵士（Sir Ernest Shackleton）：英国著名探险家。曾多次参与英国南极探险队，是南极探险英雄年代的主要人物之一。

② 斯科特船长（Captain Scott）：英国著名探险家。曾两度带领英国南极探险队进行探险。在1910–1913年征服南极点的探险中，斯科特的队伍晚于挪威探险家阿蒙森的队伍到达南极点，后在返程时因补给队未能按照指令与他们会合，缺乏补给加上恶劣天气导致全队牺牲。

安迪·沃德

极地探险经理、摄影师和飞蝇钓狂热玩家。

曾从伦敦徒步到伊斯坦布尔，曾组织过五次到南极点和北极点的探险，曾带着钓杆和充气橡皮筏到苏格兰各处冒险。

@ward_andy andyward.me

珍妮丝·沃森&克里斯·施泽尔巴

自行车旅行者。

一起在欧洲和非洲骑行超过16000公里。

thespokeandwords.wordpress.com

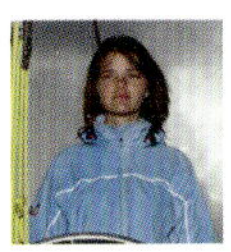

杰西卡·沃森

澳大利亚勋章（OAM）获得者、单人帆船手。

环球航行的单人帆船手。

@watsonjessica jessicawatson.com.au

尼克·韦斯顿

狩猎采集厨师（HUNTER GATHER COOK）组织的创始人及总干事。

他住在一座树屋里，现在正在管理一所教授觅食与烹饪技术的学校。

@HuntrGatherCook huntergathercook.com

奥利·惠特尔

分析师。

曾在湄公河漂流以及徒步穿越封冻的贝加尔湖。

@OllyWhittle ollywhittle.com

科林·威洛克斯

用户体验设计师。

慢旅行者。

colinwillox.com

列维森·伍德

作家、探险家。

退伍伞兵，曾徒步走完尼罗河以及穿越喜马拉雅山脉，曾在五个大洲上进行过探险活动。

@levisonwood levisonwood.com

斯万·雅文

小船水手。

曾驾着20英尺长的小船驶过合恩角。

克里斯滕·奇佩勒

作家和编辑。

曾在印度和尼泊尔居住及工作。

@kristenzipperer kristz.portfoliobox.me

致谢

我向出现在本书当中的所有冒险家致以最大的感谢。感谢你们拨出时间，提供你们的专业知识，提供你们的智慧、建议、友善、照片和支持。我很高兴能跟你们合作。这是一项鼓舞人心的荣耀。很抱歉我没能收录所有的故事。

感谢罗伯·西明顿引领我了解了每周存起20英镑的力量。只要坚持足够长的时间，人人都可借此逃离城市。

也感谢朱莉娅、米梵妮、海伦娜和迈尔斯贡献了他们的专业知识和智慧。在这里我要特别感谢迈尔斯，谢谢你今年早早就想出了你的“年度好点子”，并且为这本书的编写提供了巨大的帮助。我一直很喜欢看着你舒舒服服坐下来，打开一包洋葱奶酪口味的薯片，脸上满是得意扬扬的表情。

我恳请读者们去探索书里列出的冒险家们的网站，关注和享受他们未来的种种冒险。

图片鸣谢

除以下图片，其余图片均来自©Alastair Humphreys：

8-9页，62页，82-83页，87页，171页，178-179页，180页（上图），181页（下图）©Archie Leeming；

12-13页（上图），138页，140页©Leon McCarron；

21页，89页©Alice Goffart和Andoni Rodelgo；

22页，84-85页，102页，104-105页©Tim和Laura Moss；

33页©Anthony Goddard/Linda Martini；

55页©Shirine Taylor；

58页©Daniel Munoz/Rueters/Corbis；

61页，86页，107页©Ingrid和Sean Tomlinson；

73页，127页©Ed Stafford；

90页（上图），158-159页©Henrik Frederiksen/worldonbike.com；

90页（下图）©Tom Allen；

92-93页©Mark Beaumont；

95页©Joff Summerfield；

99页（上图）@Anna Hughes；

99页（下图），201页©James Ketchell；

125页©Luke Nowell和Rachel Beswetherick；

135页（上图）©Rhys Thwaites-Jones；

135页（下图）©Hannah Engelkamp；

152-153页，156页©Mark Kalch；

155页©Jason Lewis/Kenny Brown；

157页©Jamie Bowlby-whiting；

166-167页©Dave Bouskill/theplanetd.com；

174-175页，180页（中图）©Ants Bolingbroke-kent；

177页，180页（下图），180页（上图）©Matt Prior；

186-187页©Steve Dew-Jones；

188页©Rolf Potts；

192页©Jamie Fulbrook；

198-199页，204-205页，206-207页，209页©Will Copestake/www.willcopestakemedia.com；

212-213页，216页©Phoebe Smith；

228页©NASA/Handout/Getty Image；

250-251页©Candace Rose Rardon。

传记相片由各捐赠者提供。

图书在版编目（CIP）数据

不壮游，人生何以辽阔 /（英）阿拉斯泰尔·汉弗莱斯著；小炎译. —成都：天地出版社，2019.1
ISBN 978-7-5455-4155-7

Ⅰ. ①不… Ⅱ. ①阿… ②小… Ⅲ. ①旅游—基本知识 Ⅳ. ①F59

中国版本图书馆CIP数据核字（2018）第209400号

著作权登记号 图字：21-2018-359

不壮游，人生何以辽阔

BU ZHUANGYOU, RENSHENG HEYI LIAOKUO

出品人　杨　政
著　者　［英］阿拉斯泰尔·汉弗莱斯
译　者　小　炎
责任编辑　张秋红　沈海霞
封面设计　格·创研社
内文排版　新视点
责任印制　葛红梅

出版发行　天地出版社
（成都市槐树街2号　邮政编码：610014）
网　址　http://www.tiandiph.com
http://www.天地出版社.com
电子邮箱　tiandicbs@vip.163.com
经　销　新华文轩出版传媒股份有限公司

印　刷　天津画中画印刷有限公司
版　次　2019年1月第1版
印　次　2019年1月第1次印刷
成品尺寸　170mm×210mm　1/16
印　张　16
字　数　369千
定　价　68.00元
书　号　ISBN 978-7-5455-4155-7

咨询电话：（028）87734639（总编室）
购书热线：（010）67693207（市场部）